2017年湖南省社科基金项目"基于平行语料库的洞庭湖生态经济区民俗文化翻译研究"（课题编号：17YBA309）

洞庭湖生态经济区民俗文化翻译研究

瞿莉莉　著

西南交通大学出版社
·成　都·

图书在版编目（CIP）数据

洞庭湖生态经济区民俗文化翻译研究 / 瞿莉莉著
. —成都：西南交通大学出版社，2022.12
ISBN 978-7-5643-9101-0

Ⅰ. ①洞… Ⅱ. ①瞿… Ⅲ. ①洞庭湖 – 生态区 – 风俗习惯 – 英语 – 翻译 – 研究 Ⅳ. ①K892

中国版本图书馆CIP数据核字（2022）第251132号

Dongting Hu Shengtai Jingjiqu Minsu Wenhua Fanyi Yanjiu
洞庭湖生态经济区民俗文化翻译研究

瞿莉莉　著

责 任 编 辑	赵玉婷
封 面 设 计	墨创文化
出 版 发 行	西南交通大学出版社 （四川省成都市金牛区二环路北一段111号 西南交通大学创新大厦21楼）
发行部电话	028-87600564　028-87600533
邮 政 编 码	610031
网　　　址	http://www.xnjdcbs.com
印　　　刷	成都蜀通印务有限责任公司
成 品 尺 寸	170 mm × 230 mm
印　　　张	12
字　　　数	167千
版　　　次	2022年12月第1版
印　　　次	2022年12月第1次
书　　　号	ISBN 978-7-5643-9101-0
定　　　价	58.00元

图书如有印装质量问题　本社负责退换
版权所有　盗版必究　举报电话：028-87600562

前言

　　洞庭湖生态经济区（以下简称湖区）是以洞庭湖为中心，横跨湘、鄂两省的广大冲积平原和湖泊水网地区。作为国家级重要发展片区，湖区不仅土地肥沃、资源丰富，而且文化底蕴深厚，是世界稻耕文化的摇篮和最古老的农业发源地之一。千百年来，湖区人民代代相传的生产与生活方式形成了多姿多彩的民俗：农耕民俗有"打春牛""开秧门""开镰酒"；渔业民俗有"捕鱼前天气占卜""渔民开头礼仪"；特色饮食有"巴陵全鱼席""擂茶""湘莲"；岁节民俗有"端午赛龙舟""长乐故事会"；传统工艺有"铜官窑彩瓷""岳州扇""益阳竹艺"；民间音乐戏曲有"洞庭渔歌""巴陵戏""地花鼓"；民间传说有"刘海砍樵""柳毅传书""湘妃泪竹"等。它们集中展现了湖区的民间风貌、民间智慧和独特风情，是该区域宝贵的文化旅游资源，是中华民俗文化的精华，也是世界的文化遗产。

　　自党的十八大以来，我国不断推出促进中华文化"走出去"政策，统筹对外文化交流、文化传播和文化贸易，努力讲好中国故事，传播好中国声音，推进中华文化"走出去"的力度空前加大。促进洞庭湖生态经济区民俗文化的翻译与对外传播，既符合国家推动中华文化"走出去"，建设"文化强国"的战略目标，又是洞庭湖生态经济区战略发展的需要，将有助于提升湖区的国际知名度，促进湖区旅游业的蓬勃发展与经济腾飞。

  本书以平行语料库、异化与归化、翻译传播学等相关理论为切入点，基于我国民俗文化翻译与研究现状，洞庭湖生态经济区民俗文化翻译传播与研究现状，探索构建洞庭湖生态经济区民俗文化翻译研究的平行语料库；针对洞庭湖区民俗翻译中出现的各种失误与问题，分析影响民俗文化翻译质量的因素，总结民俗文化翻译的原则，探讨民俗文化翻译策略与洞庭湖区民俗文化"走出去"对策；旨在增进世界各国对洞庭湖民俗文化的了解、接受与喜爱，向世界传递更丰富、更立体、更真实的洞庭湖形象，为洞庭湖生态经济区的外宣工作略尽绵薄之力。

  本书理论创新基于全球本土化，实践参照注重需求与应用，研究方法注重实证和实地，跨学科的研究方法做到了具体情况具体分析，可供翻译研究人员、翻译教学人员、英语或翻译专业学生、政府外宣人员、涉外旅游从业人员及对民俗文化感兴趣的读者阅读参考。

目录

第1章 我国民俗文化概述

1.1 民俗文化的定义与分类 ································· 001
1.2 我国民俗文化的显著特征 ····························· 003
1.3 民俗文化的重要地位 ··································· 007
1.4 我国民俗文化对外翻译传播的意义 ················· 008

第2章 我国民俗文化翻译研究综述

2.1 相关文献来源 ·· 011
2.2 研究主题分析 ·· 013
2.3 研究述评 ·· 020
2.4 我国民俗文化翻译研究展望 ·························· 021

第3章 洞庭湖生态经济区民俗文化翻译研究理论框架

3.1 语料库翻译学 ·· 023
3.2 归化与异化 ··· 036
3.3 翻译传播学 ··· 041

第 4 章 洞庭湖生态经济区民俗文化概述

4.1 洞庭湖生态经济区概况 ·················· 053

4.2 洞庭湖生态经济区民俗文化分类 ············ 054

第 5 章 平行语料库视域下洞庭湖生态经济区民俗文化翻译研究

5.1 洞庭湖生态经济区民俗文化翻译现状分析 ········ 083

5.2 洞庭湖生态经济区民俗文化汉英平行语料库构建的
意义 ····························· 090

5.3 洞庭湖生态经济区民俗文化翻译语料库构建 ······ 092

5.4 洞庭湖生态经济区民俗文化菜单平行语料库分析 ···· 104

第 6 章 归化异化视域下洞庭湖生态经济区民俗文化翻译策略

6.1 洞庭湖生态经济区民俗文化翻译困难分析 ········ 119

6.2 洞庭湖生态经济区民俗文化翻译原则 ·········· 122

6.3 洞庭湖生态经济区民俗文化翻译优选策略 ········ 128

6.4 洞庭湖生态经济区民俗文化翻译优选方法 ········ 133

6.5 洞庭湖生态经济区民俗文化的多模态翻译思考 ······ 152

第 7 章 文化"走出去"背景下洞庭湖生态经济区民俗文化翻译传播思考

7.1 洞庭湖生态经济区民俗文化"走出去"意义 ······· 154

7.2 洞庭湖生态经济区民俗文化翻译传播现状 ······· 156

7.3 洞庭湖生态经济区民俗文化"走出去"的局限性 ····· 158

7.4 洞庭湖生态经济区民俗文化翻译传播六要素分析 ···· 158

参考文献 ································170

第 1 章
我国民俗文化概述

1.1 民俗文化的定义与分类

民俗就是民间的风俗习惯,目前国际上通用的专门术语是"Folklore",由英国人类学家威廉·汤姆斯(William Thomas)于 1846 年写给《雅典娜神庙》杂志的一封信当中首先提出,后来逐渐为国际学术界所接受。它的含义是"民间的知识""民间的学问"和"民间的智慧"。

在日本,"民俗"中的"民"是指庶民,即普通百姓。这与欧洲"民俗"中的"民"是指没有文字的民族或下层百姓是一样的。在我国,"民"是"官"的对立概念。"民"指百姓、民间;"俗"则指一种存在状态,这里主要指它的普遍性、通俗性和全面性。

"民俗"一词在我国早已出现。《礼记·缁衣》中说:"故君民者,章好以示民俗,慎恶以御民之淫,则民不惑矣。"《史记·循吏列传》有"楚民俗好庳车"之说。《汉书·董仲舒传》云:"变民风,化民俗。"后来的许多笔记、杂记中还把"民俗"单列为一条,如《东京梦华录》《梦粱录》等。另外,还有一些相近意义的词,如"习俗""民风""风俗"等,其中,"风俗"一词运用得也极早,《毛诗序》中说:"美教化,移风俗。"《汉书·地理志》解释说："凡民禀五常之性，而有刚柔缓急音声不同，系水土之风气，故谓之风；好恶取舍动静无常，随君上之情欲，故谓之俗。"《汉书·王吉传》有"百里不同风，千里不同俗"的记载。《礼记·王制》云："岁二月，东巡守。至于岱宗，柴而望祀山川。觐诸侯，问百年者就见之。命太师陈诗，以观民风。"这里说的王者巡守之礼，就是国君深入民间，对乡村社会的民情风俗进行一番调查研究。太师是掌管音乐及负责搜集民间歌谣的官吏，他把民间传承的民歌（国风）呈递给国君，国君通过这些民歌，"观风俗，知得失"，制定或调整国家的方针政策。我国古代诗歌总集《诗经》中的《风》，就是古代民间流传的民歌。这些民歌反映了古代人民的风俗习惯，包含着大量的古代民俗事象，对研究我国古民俗具有重大价值。

民俗既是社会意识形态之一，又是一种历史悠久的文化遗产。"民俗文化属于文化大系统的一个组成部分，也包含了物质层、行为制度层和观念层。"（李宏亮等，2015）《中华文化精粹分类辞典》将"民俗文化"定义为"关于民间风俗习惯的各种文化形式的总称"（钟敬文，2010），指出"民俗文化是指一个国家或民族的民众们在长期的历史生活过程中所逐渐形成并且世代传承的一种较为稳定的物质生活和精神生活文化"。

民俗文化的内容十分丰富广泛，钟敬文（2010）将其分为物质生产民俗、物质生活民俗、社会组织民俗、岁时节日民俗、人生仪礼、民俗信仰、民间科学技术、民间口头文学、民间语言、民间艺术、民间游戏娱乐十一类。其中，物质生产民俗包括农业民俗，狩猎、游牧和渔业民俗，工匠民俗，商业与交通民俗；物质生活民俗包括饮食民俗、服饰民俗、居住建筑民俗；社会组织民俗包括宗族组织民俗、社团和社区组织民俗；人生仪礼包括诞生仪礼、成年仪礼、婚姻仪礼、丧葬仪礼；民俗信仰包括信仰对象、信仰媒介、信仰表现方式、民俗信仰的基本特征；民间科学技术包括民间科学知识、民间工艺技术、民间医学；民间口头文学包括口头散文叙事文学、民间诗歌；民间语言包括常用型民间俗语、特用型民间俗语；民间艺术包括民间音乐、民间舞蹈、民间戏曲、民间工艺美术；民间游戏娱乐包括民间游戏、民间竞技、民间杂艺。这个分类既较好地照顾了中国传统的分类思考，同时也吸收了国际上相关的民俗分类研究成果。

1.2 我国民俗文化的显著特征

有关我国民俗文化特点，众多民俗专家、学者都做了深入的分析。张轶（2004）阐释了中国民俗文化鲜明的基本特征：具有以伦理为中心的社会准则，直观直觉的传统思维方式和积极的人生态度。苏蔓、李美娟（2010）提出中国民俗文化具有多样性与复合性、地域性、实用性、群众性、传承性的特征。李宏亮、吴永强（2015）总结了我国民俗文化的特点：亲民性、社会性、规约性、传统性和地域性。萧放（2013）将民俗文化特点辩证性地总结为：形态上具有多样性与共享性；表现形式上具有象征性与模式性；性质上具有伦理性与日用性；传承方式上具有稳定性与变异性。笔者综合多位学者的观点，分析我国民俗文化的显著特征如下。

1.2.1 亲民性

亲民性是民俗文化最大的特点。狭义的"民俗"中的"民"理解为"平民""民间"，和"官方"相对应。民俗文化是从普通民众的生产和生活中逐渐形成的。民俗的"亲民性"一方面体现在与群众的生产生活息息相关，有着实际的生活辅助功能；另一方面体现在具有广泛的群众基础和群众参与性，容易以活动的形式体现出来，并吸引民众参与进去。

民俗文化服务于人们的生产与生活，人们依赖民俗开展生产，繁衍后代，寻求精神愉快。民众创造了民俗，民俗服务了民众。每一个民俗现象都是为了满足人们某一个方面的需要而出现并保存下来的。例如，在环洞庭湖区传统的水稻生产过程中，"打春牛""开秧门""开镰酒"等生产习俗是为了春季释放生命活力，祈求秋季水稻丰收；又如，汨罗江畔端午习俗"喝雄黄酒""带香囊""插艾挂菖"是为了五月驱除五毒、防治疫病等。

我国的民俗活动，尤其是二十四节气活动起源于民间，后来才有政府参与其中，安排天文主管部门编制历法，指导农业生产活动。群众会自发参加各种民俗节庆活动，也会根据自己的生活习惯和生产需求来确定活动的具体内容，而从内容到形式的传承、演变，又总是群众根据自身的意愿和需要来决定取舍的。比如：二月初二，传说是主管下雨的龙王抬头的日子，人们会在这一天理发，俗称"剃龙头"，希望能够为全年走好运奠定基础；雨水和惊蛰是越冬的害虫出来活动的时期，人们会及时除虫；春分和清明，春风和暖，除了祭祖扫墓，人们还增加了踏青、荡秋千、放风筝、插柳等健身、娱乐的内容；而九月初九重阳节，人们会佩戴茱萸，爬山登高，还会喝菊花酒，品重阳糕。总之，民俗文化起源于民间，发展于民间，又应用于民间，与人民群众的生产生活密切相关。

1.2.2 多样性

多样性是我国民俗文化的突出特征。民俗文化作为文化体系中的基层文化，与地理环境、人文环境密切相关。我国幅员辽阔，历史悠久，民族众多。从民俗文化空间分布看，有华北、东北、西北、中南、华东、西南等六大区域；从民族组成看，我国是由汉族和壮、回、满、维吾尔、苗等五十六个民族共同组成的大家庭，这些民族都共享并传承着各自独特的文化。

"地域生态、历史进程、民族文化传统构成中国民俗多样性的基础与丰富的表现。民俗的多样性是以地方、历史、民族为主体的，其中地方性非常突出。"（萧放，2013）"一方水土养一方人"，"十里不同风，百里不同俗"。"作为历史发展过程中积淀下来的生活形式，不同地域的中国民俗文化代表了当地的文化特色，成为某一地域的一种文化标志，以至于我们可以从一个人的生活方式、饮食习惯和习俗等方面的不同表现，判断出他是哪里人，属于哪个民族。"（苏蔓等，2010）单从民俗性格角度论，山区人与平原人、南方人与北方人、沿海地区与内陆地区人，就有不同的习性。

1.2.3 规约性

民俗文化是普通大众的文化，它是人们在长期共处过程中形成并传承下来，具有相对固定思维、言语与行为模式特点的文化。"民俗文化经过长期沉淀，发展至今已形成一套稳定的系统，有着固定的程式，约束着人们的生活行为模式，不遵守这些习惯，会被认为不合常理。"（李宏亮等，2015）

人们婚丧嫁娶、岁时节日中存在大量的仪式行为，如：祭祀典礼上的三跪九叩；诞生礼仪中的"洗三"与"抓周"；婚礼中的传袋、敬茶、合卺仪式；岁时中的驱傩与祓禊、守岁与拜年、取午时水、乞巧、走桥、登高等。此外，日常生活中要求右手拿筷，筷子不能插在碗里，吃饭不敲碗；给客人敬茶要半满，敬酒则要溢满；餐桌上"客不翻鱼"；大年初一不扫地、不泼水、不吃药；等等。

人们的生产活动需要按照一定的时令季节开展，如"斧斤以时入山林，材木不可胜用也"，即春生夏长时期不能砍树，砍树只能在秋天；捕捞有季节规定，打鱼行规有三不打，即"休渔期不打、产子鱼不打、太小的鱼不打"，打来的小鱼都要放生；打猎行规也有三不打，即"过岭不打、不现毛不打、坐着的野兽不打"，现在属国家保护的动物更不能打。

1.2.4 象征性

"民俗文化和其他文化不一样的地方就在于它是行动的文化、口传的文化，在很多情况下还是感受的文化。民俗中文化有很多地方依靠符号、仪式和行动来显示，它不发声，却很有影响，你看到这个东西自然会想到它指代的意义。"（萧放，2013）民俗文化的象征性是指人们习惯用具体的事物表现某种特殊的意义，或用谐音的方式来表达，或通过事物的特殊性质做符号象征的依据。

比如传统建筑中常见的蝙蝠图案，"蝠"与"福"同音，墙上贴五蝠，代表五福临门；春节贴"福"字时，人们为了更充分地体现对幸福生活的向往和祝愿，干脆将"福"字倒过来贴，表示"幸福已到""福气已到"。

老百姓在菜肴的制作上也极其讲究，"色香味形俱全"中的"形"大多蕴含美好的祝福。如：《湖湘读本》中第九章"古朴特立的民族风情"就有记载，"湖南人有制作熏、腌食品的传统习俗。将生姜、茄子、苦瓜、萝卜等晾晒腌制后，既为自食的美味食品，又可作馈赠佳品，如将刀豆、姜做成蝙蝠形，谐音'福'；制成喜鹊形，象征'喜'；切成兰草形，寓意'男'，都是很受欢迎的自制馈赠工艺食品"。

大年三十是辞旧迎新，全家团圆的重要时刻。洞庭湖区民众会精心安排具有"象征意义"的团年饭来"渡关"。如：粉蒸肉要趁热吃，寓意赶上蒸蒸日上的财气；芋头、青菜应多吃，以求家中万事"遇头"（顺利）"清清气气"（和睦团结），年轻健壮；猪寿（敬神的猪头肉）须猛吃，吃得越多，沾神的福气越多；鱼为必备的一道菜，以寓年年有余；猪脚爪则称"抓钱爪"，表示吃后将顺利通达，连年能抓钱，财运亨通。岳阳的团年饭吃得慢而久，以示来年的生活有嚼头；常德吃团年饭要边吃边天亮，象征前途光明。

民间歌谣中大量运用生活中常见的物象作为象征，生动地表达情感与意愿。如广西民歌《世上哪有树缠藤》就用藤和树来象征男性和女性，用藤和树的关系来表达女性对男性的依恋。

1.2.5 传承性

民俗文化是人类世代相传的社会文化，在相当长的历史时期内有一定的"惯性"，在发展过程中具有相对稳定的特点。优良的民俗文化得到社会的广泛承认，代代相传并发扬光大。内容丰富的民俗文化，在群众中广泛传播，对社会、经济、生活各方面产生了深刻而持久的影响，形成了一个民族、一个地区人民特有的心理和文化特征。如中华民族几千年来形成的"华夏儿女""龙的传人"的意识，在春节、元宵节、中秋节、端午节等岁时节日活动中表现出来的团圆思想、家国情怀。尽管各个历史时期、不同地区、不同民族在节日活动细节上有所差异，但这些节日民俗的文化内涵和主要形式仍然被承袭了下来，构成了中华民族文化的底色与生活传统。

中国的很多民俗传统，从先秦开始到今天还在继续传承。如"六朝的时候，人们为预知孩子未来性格、职业、前程，举行'试儿'即抓周的人生仪式，以兵器、文具等试男孩，以针线首饰等试女孩，看他们对何种物件有兴趣，《红楼梦》中贾宝玉在这样的抓周仪式上拿的是脂粉盒。今天民俗中仍有抓周仪式，以人民币、算盘、印章和书来测试，拿着印章会当官，拿着笔会写字，拿着算盘就会做生意"（萧放，2013）。

在中国众多的传统节日中，端午节是非常重要一个节日，不仅在汉民族中广为流传，在一些少数民族中也流行过这一节日。端午节源自天象崇拜，由上古时代祭龙演变而来，最初是南方吴越先民——百越族创立的用于拜祭龙祖的节日。端午习俗从最开始的驱毒防疫（饮雄黄酒、插菖挂艾、戴香袋），祈求丰收和平安（拜祭龙祖），逐渐发展成强身健体（划龙舟、洗端阳澡），再到后来发展成为纪念伟大的爱国主义诗人屈原的各种活动，如粽子寄情、游江招魂、龙舟竞渡、骚坛诗会等，端午文化内涵由此发生了质的变化，意义得到了大幅度升华。正因为端午文化历史悠久，内容五彩缤纷，所以中国的端午习俗被列入世界非物质文化遗产名录。

1.3 民俗文化的重要地位

民俗是民间文化的载体，包括民间的传说、戏曲、娱乐、技能、信仰、价值观等不同的内容，丰富多彩，并且在传统的民间生活中得到传承与发展。民俗习惯的不断传承对于民俗文化的发展与繁荣提供了重要保证。此外，民俗文化也在不断地发展与变化，不断受社会的影响。民俗文化的变迁与发展，是其自身发展的需求，也是当代社会的需求。民俗文化对于人们的价值观、道德观、审美、社会心理等多方面都有影响，民俗文化是社会团结的重要根源，也是人们价值观的体现，在现代社会发展中，民俗文化是社会文化的核心内容。民俗作为一种独特的文化形式，在一定程度上反映了一个国家的人民的生活特征。民俗可以反映一个国家的文化，又可以反作用于一个国家的发展，它有利于激发民族的自豪感、树立民族的自信心、增强民族的积极性和创造性。民俗就是这样一种来自人民，传承于人民，规范人民，又深藏在人民的行为、语言和心理中的基本力量。

1.4 我国民俗文化对外翻译传播的意义

在新时代语境下，面对"中华民族伟大复兴战略全局"和"世界百年未有之大变局"，推动我国民俗文化的对外翻译传播具有重要意义和重大价值。首先，民俗文化是一个国家发展历程和本国各民族人民生活背景最好的见证，通过它能够从深层次解释一个民族从产生到发展的每一个轨迹。可以说，民俗文化是一个民族的根。中华民俗文化源远流长，时时处处都体现中华民族的文化元素和民众的智慧，对外传播民俗文化有利于拉近国与国民众之间的距离，让国外民众更好地认识中国、了解中国、理解中国、喜欢中国，从而提高我国的文化软实力。其次，中华民族五千年灿烂辉煌的文明发展史形成了博大精深的中华优秀民俗文化，成为中华民族历久弥新的情感之源、力量之魂。这些民俗文化不仅丰富了人们的物质精神生活，而且加强了民族团结，增强了民族认同感，提高了中华民族的凝聚力。对外传播中华民俗文化有利于形成高度的文化自觉和文化自信，在多元文化和谐共生中展现中华文化的独特魅力。最后，对外传播民俗文化有利于民俗文化自身的发展和传承。中华民俗文化是中华民族宝贵的精神财富，是中华民族精神的重要载体，是中华传统文化的重要组成部分，不仅为中华民族生生不息、发展壮大提供了强大精神支撑，同时也是世界文化宝库中的明珠。文化的发展从来都不是静止的和封闭的，只有广泛交流，才能获得旺盛的生命力。推动中华民俗文化走出去有利于吸纳新的生长因子，扩大中华民俗文化影响力，获得新的发展空间。

  2013年11月26日，习近平总书记在山东曲阜考察时指出："一个国家、一个民族的强盛，总是以文化兴盛为支撑的，中华民族伟大复兴需要以中华文化发展繁荣为条件。"只有弘扬中华优秀文化，才能使社会主义文化真正成为凝聚中华民族和中国人民团结奋进的强大精神力量。新时代新征程，以习近平同志为核心的党中央高度重视文化强国建设，党的十九届五中全会明确提出了我国到2035年建成文化强国的战略目标。实现这一战略目标需要进一步坚定文化自信，不断擦亮中国文化"名片"，创造性地传承、传播中华优秀传统文化，向世界阐释推介更多具有中国特色、体现中国精神、蕴藏中国智慧的优秀文化，努力塑造可信、可爱、可敬的中国形象。

第 2 章
我国民俗文化翻译研究综述

随着我国综合实力的增强以及国际地位的提高,我国丰富多彩的民俗文化已被越来越多的外国友人所认识、接受和喜欢。自党的十八大以来,我国不断推出促进文化"走出去"的政策,统筹对外文化交流、文化传播和文化贸易,努力讲好中国故事,传播好中国声音,推动中华文化"走出去"的力度空前加大。特别是"一带一路"倡议推进,"孔子学院"在全球范围的推广,以及北京两届奥运会的成功举办,加快了我国民俗文化在世界的传播速度,促使其他国家更加了解中国文化,与我国在经济、文化上的接触也越来越密切。

文化的对外传播是一种跨国界、跨文化、跨语言的传播活动。翻译在我国文化对外传播中发挥着重要的联系作用,是决定文化传播效果的直接因素和基础条件。民俗文化翻译作为应用翻译的一个分支,近年来相关翻译实践活动越来越多,如"经典中国"国际出版工程、"丝路书香"出版工程、"中华学术外译"项目。同时,蕴含中国传统文化元素的优秀影视剧作和文学作品也不断引发世界级文化现象,还有"李子柒""郭杰瑞"

等民间"网红"也成为中国传统文化的传播使者。与此同时，对民俗文化翻译的研究也越来越受到学术界关注和重视。

2.1 相关文献来源

从相关研究论文看，笔者以"民俗翻译"为关键词，通过中国知网对1998年至2022年的中国期刊论文、中国优秀硕士论文库、中国优秀博士论文库等进行模糊搜索，查找到期刊论文348篇，硕士论文75篇，博士论文0篇，会议论文9篇（其中国际会议1篇）。（详见表2.1）

表2.1 1998—2022年有关"民俗翻译"论文来源信息

来源名称	有效篇数	有效百分比
CSSCI与核心期刊	33	7.6%
普通大学学报	114	26.4%
博士论文	0	0%
硕士论文	75	17.4%
会议论文	9	2.1%
其他	201	46.5%
总计	432	100%

从表2.1可以看出，普通大学学报文章数占了26.4%，说明我国民俗文化翻译研究受到了综合性学术刊物的重视。另外，硕士论文有75篇（绝大多数为翻译实践报告），可见民俗文化的翻译受到了广大翻译硕士研究生们的青睐，但尚未发现相关的博士论文，说明我国尚未在更高层次上展开该领域的研究。会议论文虽有9篇，然而国际会议论文仅1篇，说明民俗文化翻译研究在国际上的交流不够，需进一步扩大国际知名度；而发表于核心期刊或被CSSCI收录的文章仅占7.6%，说明该领域研究的整体层次有待提高。

如图 2.1 所示，从文献数量分布来看，我国民俗文化翻译研究整体呈上升趋势，可以分为两个阶段：第一阶段从 1998 年至 2011 年，发文相对较少，14 年平均每年发文仅有 2.6 篇，这一阶段文献数量只占文献总量的 8.3%；自 2012 年以后为第二阶段，这一阶段文献数量迅速增长，10 年间发文量占了总量的 91.7%，说明学者们对我国民俗文化翻译的关注度明显提高。

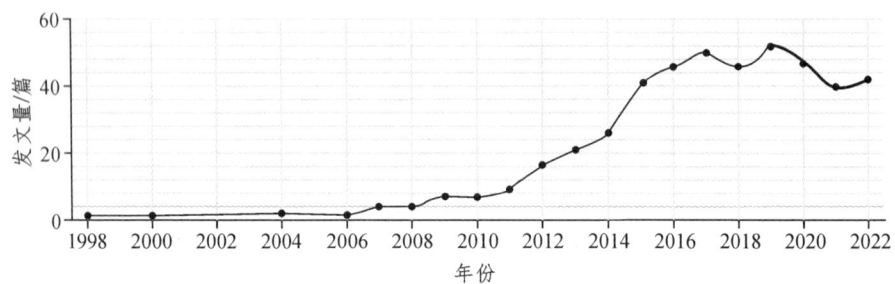

图 2.1　1998 年至 2022 年有关"民俗翻译"论文数量

原因可能有三：一是党的十八大以来，以习近平同志为核心的党中央高度重视文化强国建设，从党的十八届三中全会提出要"紧紧围绕建设社会主义核心价值体系、社会主义文化强国深化文化体制改革"，到党的十九大报告强调"要坚持中国特色社会主义文化发展道路，激发全民族文化创新创造活力，建设社会主义文化强国"，再到党的十九届五中全会明确提出到 2035 年建成文化强国，文化建设的重要性愈加凸显。我国在传播优秀传统文化、提升国家文化软实力、参与国际文化竞争、拓展中华文化发展空间等各个方面，均取得了一定成绩。二是 2013 年习近平主席提出的"一带一路"倡议到目前已经进入全面落实阶段，"朋友圈"持续壮大。"一带一路"倡议既是经贸之路，又是沟通文化、友好往来的友谊之路。"一带一路"倡议中的"文化包容的利益共同体"理念与联合国教科文组织实施保护非遗的相关举措异曲同工。因此，以"一带一路"视角去探索和实践能够体现和传播中华民族优秀传统文化的非遗优秀基因、智慧元素已成为文化翻译与传播工作者们新的研究热点。三是北京 2022 年冬奥会开、闭幕式演绎的"中国式浪漫"惊艳世界,人民大会堂呈献的精华版新春"庙会"让八方来客领略了有数千年文化积淀的中国味道;连接东西方文明的这场新春"冬奥之约",架起了中华文明与世界文明交流互鉴的桥梁,更激荡起中华文化的自信昂扬。这些时事背景、伟大成就不断激发着我国语言文化工作者们的热情,民俗文化翻译研究自然受到越来越多的关注。

2.2 研究主题分析

2.2.1 以某翻译理论为视角进行研究

学者们主要从德国功能目的论、生态翻译学、文化翻译观、关联顺应论、归化与异化、关联理论、传播学、语料库等视角对民俗文化翻译进行了研究(见图 2.2)。其中,德国功能目的论视角研究最多,生态翻译学其次,文化翻译观和归化异化论占有相当的分量,从传播学、语料库等角度研究的最少。

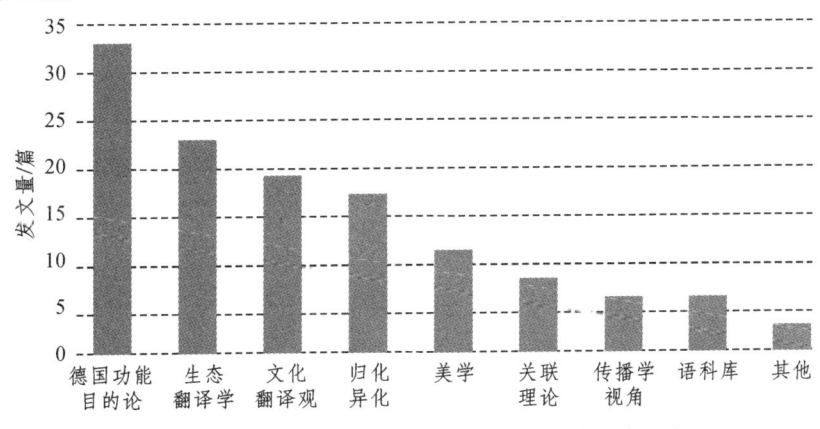

图 2.2 1998 年至 2022 年"民俗翻译"论文研究视角

史耕山、胡晓红(2016)基于德国功能理论派的目的论,从文化视角解读了 CCTV-9 民俗纪录片中的归化与阐释的翻译策略,目的是让国外游客走近中国的民俗文化,更好地接受中国的"俗",促进中西文化交流和发展;周立(2016)从功能目的论视角分析了佛山民俗文化英译实例,提出了民俗文化英译的处理策略；陈静颖等（2018）以功能翻译为理论基础，从商洛民俗文化词汇翻译入手，探讨了民俗文化词汇翻译的模仿法、移植法、音译法、图像传译法和借用法。徐颖（2013）从功能目的理论的视角出发，以湄洲岛妈祖文化宣传资料英译本为例，对其中出现的问题进行分析，同时对民俗文化的翻译策略进行了探讨。她提出，由于民俗文化鲜明的文化个性以及浓厚的民族特色，翻译中应该以传达文化内涵为主要目的，选择适当的翻译方法，尽可能地保持原文文化内涵的清晰度，以起到文化传播的功能。高捷（2011）通过功能对等理论对杨宪益、戴乃迭夫妇翻译的《鲁迅小说选》中民俗词语的翻译问题进行了研究，使读者领略译者的翻译技巧，并且肯定功能对等对翻译实践的指导作用。吴巧芬（2009）从功能目的论角度探讨了《京华烟云》中的民俗翻译。在该理论框架的指导下，根据我国著名民俗学家钟敬民先生对于民俗的分类，引用书中的实例并结合中国民俗实情来详细剖析该书中民俗翻译。董欢宁（2015）以德国功能目的理论为框架，结合中国饮食民俗的民族特色和饮食民俗文本英译所要达到的目的，对饮食民俗文本的翻译策略、方法进行了分析和探讨。

安文婧（2015）结合我国不同地域的文化民俗，从生态翻译的角度探究了民俗文化翻译的价值。她认为从生态翻译学角度翻译民俗文化，其三维原则可以自由选择与转化民俗的特性，并最终体现在翻译中，有利于展现中华民族特色，增强文化的交际功能。王文彬（2016）在生态翻译学理论框架内，运用"多维转换"的理念和方法，结合满族民俗文化典型译例分析，从语言、文化、交际三个维度探讨了译者在翻译过程中如何进行适应性选择转换，优化选择各种翻译策略，达到最佳的翻译效果。王亚楠（2020）从生态翻译学三维转换角度对《中国民俗文化》第十章"中国独特节日文化的介绍"中的节日习俗、节日名称等进行适应性选择转换，并结合具体的翻译方法进行了文本翻译。作者通过翻译实践发现：民俗文化类文本翻译的文本信息处理要到位，尤其是约定俗成的民俗文化专有词汇及特定的文化含义要准确；民俗文化生态翻译中的三维既互相联系又相对独立，需要厘清三个维度之间的关系才能很好地进行双语文本转换。

宋引秀、郭粉绒（2015）认为苏珊·巴斯奈特提出的"文化翻译"观对少数民族文化外宣翻译具有重要的启迪：少数民族文化外宣翻译，其基本单位不仅是语言更是文化，其评价标准是原文和译文间的"文化功能等值"；在外宣翻译过程中，译者具有主体性地位，根据具体的需要选择翻译的基本方法和策略。王克非等（2016）从文化翻译观入手，探讨了中国特色文化词汇的翻译。他指出中国特色文化词汇的翻译难点就在于"空缺"现象，并将中国特色文化词汇的翻译分为"完全空缺"和"不完全空缺"两类，针对性地提出相应的翻译策略：①完全空缺时，音译、直译优先，初次出现辅以释义；②部分空缺时，文本和超文本因素决定了翻译策略的多样化。

廖建霞（2020）认为，客家土楼民俗文化翻译应在文化翻译观的视角下克服语言、文化差异的障碍以达到文化传真的效果，根据需要合理使用翻译策略，真正实现客家民俗文化的有效传播。于洪波（2018）在介绍绵阳民俗文化词英译必要性的基础上，结合文化翻译观对绵阳民俗文化词的英译进行了研究，并通过例证阐述了绵阳民俗文化词英译的具体方法。牛艳荣（2014）提出，翻译的目的不再是简单地由原语到目的语的译码重组，而是通过突破语言障碍，实现译语文化功能等值。译者应该本着传递文物名称表面及内涵文化信息的原则和利用文化信息搭建桥梁达到文化交流目的的翻译原则，对民俗文物名称进行翻译，并实现汉英词汇的动态对等，恰当处理不可译词语和注重校译的作用，从而有效地、广泛地传播马背民族的绚烂文化。庄帆（2014）以文化翻译理论为指导，主张采用音译加注释、直译加注释、意译加注释、省略等翻译方法翻译福建民俗文化文本，以满足文化交流的需要。

姜智慧（2010）、吴斐（2014）均主张运用异化策略来翻译民俗文化，以尽量保留源语的文化元素，加强民俗文化的对外传播。戴玉霞、董勇英

（2015）以杨孝明的英译《白鹿原》为研究案例，研究了其民俗翻译中的异化与归化的问题。

王沛（2011）探索了陕北民歌民俗美学的特质，后又分别从结构美之重构，词句美之重构，文化底蕴美之重构等方面探讨了陕北民歌中民俗文化翻译的美学价值。刘士祥、朱兵艳等（2013）从接受美学的视角评析了海南民俗文化英译实例，归纳了民俗文化英译常用的文化信息处理策略。

于洁、田霞（2008）从关联理论出发，分析了民俗文化动态预设所涉及的相关层面，指出最佳关联可揭示预设的相关信息，并提出行之有据的翻译措施——民俗文化的预设凸显译法，如直译法、信息填充法、视点转换法和缩略法。胡娟、朱练平（2015）根据关联理论，结合实例对陶瓷民俗文化旅游文本英译的普遍策略进行了探索。

姚丽文（2015）从传播学视角，分析了在民俗文化词汇翻译传播过程中，翻译策略是消除"噪声"的关键，只有将异化、归化与等化、优化组合才能实现文化传播效度的最大化；认为在文化传播过程中，译者应尽力排除理解"噪声"，同时考虑受体因素与文化渗透问题。韩晓（2018）从传播学入手，以庆阳民俗文化国际传播为案例，从宏观、中观、微观三个方面对民俗文化国际传播之翻译策略、翻译过程、翻译技巧进行了研究。段文婷（2020）以翻译传播学为理论工具，对贾平凹的长篇小说《高兴》中的陕西民俗语汇翻译进行研究，并提出了翻译传播策略：编码复制、编码改写、编码构建、编码复制与构建等。杨晶晶（2021）对内蒙古民俗文化翻译传播问题和现象进行剖析，并探求在翻译与传播实践中出现失真变味的原因，指出在翻译传播实践过程中，应充分考虑到翻译传播中三大因素共七个方面对于整个实践过程的影响。

林杨（2018）在构建汉英平行语料库基础上研究了草原文化特色词语的英译。姚爽、孙乃荣等（2016）将平行语料库技术引入民俗翻译，从英文语料收集、中文语料库收集、语料库建设、语料库应用等四个不同的方面阐述了民俗翻译平行语料库的建设方案。李建萍、黄勇（2020）基于汉英双语平行语料库分析了《红楼梦》"节日习俗"的叙写及两个英译本对民族文化意象的传译。

2.2.2 基于文学作品译本研究

我国四大名著之一的《红楼梦》可谓是中国传统文化的百科全书，其蕴含了丰富的传统民俗文化，无论是诗词曲赋、王宫妇贾，还是祭祀婚娶等均体现了我国传统民俗文化的博大精深。为此，以《红楼梦》译本为载体探讨民俗文化翻译的文章较多。王红英（2011）对《红楼梦》杨宪益、霍克斯两大译本中大量的节庆日以及节庆民俗词汇翻译进行了分析，说明了翻译过程中译者的翻译目的和原则以及对源语文化的认知都会影响其对翻译策略与翻译方法的选择。党争胜（2015）以霍克斯和杨宪益《红楼梦》译本中对"压岁钱"等中国民俗文化词的处理为例证，探讨了文学翻译过程中民俗文化词的翻译原则与方法，提出了"简释性增补"的民俗文化词翻译主张。隆涛（2015）通过对比杨、霍两种翻译本，从宗教民俗文化的翻译、语言民俗翻译、节日习俗的文化翻译等方面探究哪一翻译本更能原汁原味地还原我国的民俗风情以及其在民俗文化翻译中的策略。陈瑞玲（2021）以杨宪益夫妇译文为对照，以"供器"一词为例，从语篇分析的角度考察霍克思英译《红楼梦》中民俗文化词汇的翻译。霍克思采用不同的翻译方法，以变换英文表达的方式在译文中再现这一民俗文化词汇，体现了英汉语篇在衔接手段方面的差异。

除了《红楼梦》，学者们也探讨了其他文学作品中的民俗翻译。安文婧（2016）结合《呼兰河传》英译本的民族文化词的翻译提出了"使用模糊手法"和"谚语意译"等翻译策略。张白桦、孙晓宇（2019）通过系统考察《呼兰河传》葛浩文译本中物质民俗、社会民俗和精神民俗中的"创造性叛逆"现象，分析了制约民俗翻译的深层文化因素，发现葛浩文灵活运用了归化异化相结合的翻译策略，在保证忠实原文的前提下，求同存异，出色地向西方译介了中国文化。王宏印、李宁（2007）从传承形态和神话传说两个方面对《福乐智慧》的民俗文化意蕴的英译问题进行探讨，从文化人类学角度对民族典籍的文化翻译现象做出了文化源头的深度阐释。李宁、吕洁（2009）通过对《福乐智慧》民俗所涉及的文明本源和文明之间的交流、对照关系的探求，分析美国学者丹柯夫《福乐智慧》英译本中民俗事象翻译的文化改写与顺应，深入挖掘翻译背后的文化观念，对民俗文化翻译现象和翻译策略做了进一步的探讨。陈丽娜、郭莹（2013）、隆涛（2014）、李伟棠（2016）均探讨了沈从文的小说《边城》英译本中的民俗翻译策略。

2.2.3 地方民俗翻译现状与对策研究

有部分学者从外宣角度分析了地方民俗文化或少数民族民俗文化翻译存在的问题，并提出了相应的翻译策略与发展路径。麦红宇、关熔珍（2012）分析了广西民俗英译资料中存在的问题，提出民俗文化词的翻译应该遵循"准确传达文化意象""保持民族文化身份""塑造正面文化形象"和"简洁紧凑"四个原则。杨琳、刘怀平（2013）提出，为有效传播广西边疆地区民俗文化信息，译者不宜拘囿于单一的翻译策略，而应坚持异化与归化、直译与意译的交替互补，在准确传达具有强烈地域色彩的语言时，确保文化信息的高效传递。侯斌、卢蓉（2018）分析了甘肃民俗文化的译介现状与困难，认为未来甘肃民俗文化译介需要培养专业的民俗文化翻译人才，丰富民俗传播手段，保持甘肃民俗文化原有异质性，并注重目的语文化的语境和接受心理的原则。邓英凤（2016）针对壮族民俗文化翻译现状中存在的问题进行了分析和总结，并给出了两点建议：提高翻译人才培养的质量；发挥相关机构的主导作用。王云、王霞（2016）对河北民俗文化的翻译现状做了梳理，并结合河北民俗实际分析了民俗翻译的策略，即民俗文化翻译要实现"传真"和"达意"，提出了民俗文化外宣应该依托政府、学者，突出文化定位和植根文化土壤。田玲（2015）分析了陕北民俗文化翻译的困难，并提出在翻译陕北民俗文化时，应以有效传播陕北民俗文化为宗旨，尽可能保留原汁原味，少做改动；同时应通过政府干预，采取多种办法培养翻译人才，通过多种渠道向英语读者介绍陕北民俗文化。韦冰霞（2019）认为桂西南民俗节日活动文化翻译存在资料较少、现有的翻译译名不统一等问题，主要是由相关部门重视不够、译者看待问题的角度不同、翻译遇到文化空缺和词语空缺等原因造成的，要解决这些问题需要有关部门积极发挥主导作用、地方高校重视翻译人才的培养。朱兵艳、刘士祥（2015）针对海南民俗文化翻译现状，提出了坚持语言与文化移植并重，坚持口语化翻译原则，采取音译、音译+注释、音译+意译、意译、借用、直译、删减等翻译策略。肖群、张维（2020）以安庆市民俗文化翻译现状为例，针对安庆戏剧民俗外宣文本、饮食民俗外宣、岁时节日民俗外宣探讨了翻译策略，并提出了应对安庆市民俗文化外宣翻译挑战的对策，如培养民俗翻译人才，建立民俗翻译语料库，成立相关机构研讨发展策略，丰富安庆市民俗文化对外传播渠道，鼓励安庆在外人才积极推介，等等。

2.2.4 综合论述与评价

此类文献对文化翻译进行了整体论述、评价。谢国先（2008）指出，在民俗学界开展全面的、系统的、客观的翻译学术批评是我国民俗学事业健康发展的迫切需要。利·哈林、杨柳（2011）认为，民俗研究同时也是翻译研究，无论是跨文化或语言研究还是文化研究都离不开文本的翻译。这种翻译不仅能提供文本，同时也能在研究新的文化时促进文化协商。马慈祥（2009）从生态文化、器物文化、宗教文化、社会文化以及语言文化方面阐述了民俗文化词语的可译性限度并提出了一些补偿策略。蒋红红（2007）认为，民俗是文化的一部分，因此民俗翻译应置于文化翻译研究的大语境之下。以华夏民俗为例，对翻译过程中出现的问题进行探讨，突出阐明民俗的翻译只有明辨其文化身份，才能在翻译中有意识地避免文化移植，保持文化身份的清晰度。由于民俗鲜明的文化个性和浓厚的民族特性，翻译中应通过语言符号——表层结构，挖掘展现文化内涵——深层结构，并且力求在译文中保留其口语化、非正式的文体特征。黄雪梅、梁庆福（2017）认为民俗外宣英译者作为翻译行为的主体，兼具文本诠释者、民俗研究者、文化协调者和话语重构者的身份，这些身份呈现动态的重叠态势。在译者身份的交替转变和动态重叠作用下，译者在不同翻译阶段体现出各异或相似的主体意识和翻译行为，对民俗跨文化传播起着重要的作用。贺桂华（2015）分析了我国少数民族民俗文化外宣翻译在传播过程中暴露出的多重矛盾，如"直接翻译"与"间接翻译"、"顺向翻译"与"逆向翻译"、"全译"与"节译"、"归化"与"异化"、"纯文字型译本"与"多媒体型译本"、"闭门造车"与"借帆出海"等，并对如何认识和解决这些矛盾进行了思考并提出了可行性解决方案。黄永新（2017）认为，为了达到更好的传播效果，中国民俗文化翻译行为要以"归化"的翻译策略为主，同时主张中、外译者发挥各自优势，共同合作进行翻译；另外，在确保优秀纸质书籍出版的同时，重视数字出版物的开发，创造多元出版格局；最后，综合考虑传播主体、传播方式、传播媒介、传播环境等诸多因素，构建一个传统与现代、现实与虚拟相结合的立体传播体系。

2.3 研究述评

纵观二十多年的研究历史，我国民俗文化翻译研究大体上可归为以某翻译理论为视角进行研究，基于文学作品译本研究，地方民俗翻译现状与对策、策略研究，综合论述与评价四大类。虽然学者们在该领域已取得了一定的成果，为今后研究奠定了基础，但是相关研究仍然存在不足，有待进一步完善。

首先，现有研究以微观分析为主，缺乏宏观理论视野和系统理论的可证性。研究重心是通过词、句的微观对比探讨翻译策略和技巧。翻译理论基础主要来自语言学派和文化学派，跨学科研究或借鉴其他学科领域的理论来分析和解决我国民俗文化翻译问题显得较为薄弱。其次，研究方法主要以单一文本分析为主，缺乏利用语料库对我国民俗文化翻译语言特征进行的量化、系统化的研究。在语料选取方面，部分研究所选的语料不够典型，缺乏地方代表性或民族代表性，未能深度挖掘特色民俗文化内涵，或未能体现传统文化与新时代文化发展的结合。在翻译批评方面，目前的研究大多是根据个人的主观经验展开探讨和评析，缺乏较为"客观"的研究框架和评价标准。此外，对民俗文化翻译教学和培养民俗文化对外翻译人才的研究也较少。

2.4 我国民俗文化翻译研究展望

鉴于我国民俗文化翻译研究现状，今后可从以下几个方面加强我国民俗文化翻译研究。

1. 加强宏观研究与跨学科翻译研究

目前我国民俗翻译研究主要还停留在"怎么译"的问题上，今后的研究可以围绕"为什么译""译什么"及"译得怎么样"等更为宏观、更为系统的方面展开。随着各学科的横向发展，学科之间的相互吸收、融合已不鲜见，翻译也不例外。因此，今后可以在语言学与我国民俗文化翻译、中西语言文化对比与我国民俗文化翻译方面进行研究，还应对社会学、人类学、历史学、传播学等多学科翻译研究方面予以重视。

2. 加强基于语料库的中国民俗文化翻译研究

以建成的语料库为研究基础，以可靠的双语或翻译语料为研究对象，以数据整理及实证解析为研究手段，将定量与定性方法结合，注重多层次描写和多视角阐释，是一种对翻译标准、翻译实质及翻译过程进行解析阐释的全新范式。在国外，Mona Baker、Miriam Shlesinger、Kirsten

Malmkjaer、Sara Laviosa 等学者自20世纪90年代开始将语料库运用于翻译研究，已引起了翻译界的重视。然而，与国外相比，国内基于语料库的翻译研究现状仍较滞后，目前有限的几大语料库主要用于文学翻译、公示语翻译研究。运用语料库来量化研究我国民俗文化翻译，以大量的真实数据为支撑，深入剖析翻译过程或现象，可以最大限度地解决文化翻译难点，实现译语文化和源语文化的功能等值。

3. 加强我国民俗文化翻译批评研究

我国民俗文化要走出国门，走向世界，就必须提供质量较高的翻译文本；要提供质量较高的翻译文本，就必须开展全面的、系统的、客观的翻译学术批评。目前我国民俗文化翻译评价以挑错式或经验式为主，深入的分析和评论不多见，理论建构有所欠缺；对于地方或少数民族的民俗文化翻译也缺乏全面的、系统的分析和评价。但是只有上升到理论高度，深层次剖析我国民俗文化翻译存在的问题才能真正促进其翻译质量的提高。

4. 加强我国民俗文化翻译人才培养与翻译教学研究

我国民俗具有地域性、民族性、多样性等特征，因此我国民俗文化的译者兼具有文本诠释者、民俗研究者、文化协调者和话语重构者等多重身份，既要通晓源语民俗文化，又要在不同文化之间进行调适，要求之高、责任之大不言而喻。因此，如何提升民俗文化翻译教学质量，提升学生外宣翻译能力，培养高素质的民俗译者也是今后研究的方向。

第 3 章
洞庭湖生态经济区民俗文化翻译研究理论框架

以语料库翻译学、归化异化理论和翻译传播学等作为洞庭湖生态经济区民俗文化翻译研究的理论基础,从微观和宏观层面探讨洞庭湖生态经济区民俗文化的翻译:语料库翻译学指导构建洞庭湖生态经济区民俗文化汉英双语平行语库,并通过语料库的对齐、检索等功能,分析洞庭湖民俗文化语言特征,规范民俗文化翻译文本,提升民俗文化翻译质量。归化异化理论帮助文化翻译工作者处理中外文化差异,选择合适的对外翻译策略和方法,向世界展示丰富多彩的洞庭湖民俗文化。翻译传播学理论将翻译与传播相结合,研究异语场景中如何借助翻译实现信息的传递,为克服民俗文化传播障碍,促进洞庭湖生态经济区民俗文化"走出去",促进中外文化交流提供新的研究范式。

3.1 语料库翻译学

3.1.1 语料库简介

1. 语料库定义与特征

语料库指经科学取样和加工的大规模电子文本库,其中存放的是在语言的实际使用中真实出现过的语言材料。借助语料库软件工具，研究者可开展相关的语言理论及应用研究。语料库是语料库语言学研究的基础资源，也是经验主义语言研究方法的主要资源，应用于词典编纂、语言教学、翻译研究、基于统计或实例的语言特征研究等方面。

语料库的特征包含：①语料库中存放的是在语言的实际使用中真实出现过的语言材料，因此例句库通常不应算作语料库；②语料库是承载语言知识的基础资源，但并不等于语言知识；③真实语料需要经过加工（分析和处理），才能成为有用的资源。

2. 语料库的类型

按照语料库的内容和目的，语料库分为：

（1）异质语料库（Heterogeneous Corpus）：广泛收集并原样存储各种语料，事先未设定选取语料的原则。

（2）同质语料库（Homogeneous Corpus）：只收集同一主题内容的语料。如国内的新华社"新闻语料库"只收集新闻类语料，美国 TIPSTER 语料库只收集军事类的语料。

（3）系统语料库（Systematic Corpus）：根据设定的语料收集原则和比例收集语料，使语料具有平衡性和系统性，能够代表某一范围内的语言事实，如：清华大学中文系的"清华 TH 语料库"。

（4）专用语料库（Specialized Corpus）：仅收集用于某一特定用途的语料。如：美国卡耐基梅隆大学国际儿童语言中心建立的 CHILDES 语料库（儿童语言数据交流系统）。

按语言种类，语料库可分为：

（1）单语语料库。

"单语语料库可分通用语料库和专门语料库，通用语料库是指收录不同主题或文本类型的目的语原创文本的语料库；专门语料库是指收录某一特定主题或文本类型的目的语原创文本的语料库。单语语料库可以提供关

于具体词汇或短语结构在目的语或目的语特定语境中的使用情况。"（胡开宝，2011）[163]

（2）双语平行语料库。

"双语平行语料库是指收录某一 A 语言源语文本及其对应的 B 语言目的语文本的语料库，两种语言文本之间存在不同层次的平行对应关系。按照语料平行对应的方向，双语平行语料库分为单向平行和双向平行。单向平行语料库是指所收录语料均为一种语言的源语文本及其译成另一种语言的目的语文本。双向平行语料库所收录的语料由 A 语言文本及其 B 语言译本，以及 B 语言及其 A 语言译本组成。"（胡开宝，2011）[34]对于非单语的语料库，要考虑是否要保证篇章对齐、句子对齐、结构对齐等问题。

自 1995 年 Mona Baker 和她的团队开始建设世界上第一个翻译语料库即翻译英语语料库（Translational English Corpus，TEC）开始，双语平行语料库在不同的国家和地区都有广泛应用，比较知名的有挪威的"英语-挪威语对应语料库"、英国的"德语-英语文学文本对应语料库"以及我国由北京外国语大学中国外语教育研究中心研制的"通用汉英对应语料库"、北京大学的"汉英双语语料库"等。

双语语料库正向三语甚至多语语料库发展。如：1999 年马里兰大学 Resnik 等学者创建的《圣经》平行语料库，收录了英语、法语、丹麦语、芬兰语、希腊语、拉丁语、瑞典语、西班牙语和越南语等语言的《圣经》；欧洲议会语料库 EPIC（European Parliament Corpus），收录了欧洲议会演讲的文字材料及其意大利语、英语和西班牙语译文。

3.1.2 语料库翻译学概述

Mona Baker 被认为是语料库在翻译研究领域的开创者。1993 年，英国曼彻斯特大学 Mona Baker 教授发表"Corpus Linguistics and Translation Studies: Implications and Applications"一文，指出语料库可以用于描写与分析客观存在的翻译语料，能够揭示翻译本质，阐明了语料库技术与方法运用于翻译研究领域的可行性与必要性。这一论文可以视为"基于语料库的翻译研究"或者"语料库翻译学"（Corpus-based Translation Studies）研究的开始。

2011 年，胡开宝在其著作《语料库翻译学概论》中给出了语料库翻译学的定义，指以语料库为基础，以真实的双语语料或翻译语料为研究对象，以数据统计和理论分析为研究方法，依据语言学、文学和文化理论及翻译学理论，系统分析翻译本质、翻译过程和翻译现象等内容的研究。语料库翻译学的研究课题主要有：翻译共性、翻译文体、翻译过程以及包含翻译教学在内的应用研究等。

正因为"语料库翻译学以翻译本体为研究对象，由大规模翻译文本或翻译语言整体入手，采用语内对比与语际对比相结合的模式，对翻译现象进行描写和解释，探索翻译的本质"（王克非等，2008）[10]，其在研究翻译过程、译者风格、翻译语言特征、翻译方法与策略、翻译规范及教学等方面都有着传统翻译研究无法比拟的优势：以数据整理及实证解析为研究手段，将定量与定性方法结合，注重多层次描写和多视角阐释，是一种对翻译标准、翻译实质及翻译过程进行解析阐释的全新范式。运用语料库来量化翻译研究，将以大量的真实数据为支撑，可以深入剖析翻译过程或现象，最大限度解决翻译难点，实现译语文化和源语文化的功能等值。

20 世纪 90 年代以来，特别是进入 21 世纪以后，语料库在翻译研究中的应用越来越广泛、越来越引起学者的关注和重视。

3.1.3 国内外语料库翻译研究综述

1. 国外语料库翻译研究综述

（1）国外语料库翻译研究现状。

自 Baker（1993）发文阐述语料库在译学研究中的理论价值、实际意义及其具体路径之后，经过近三十年的发展，国外语料库翻译学异军突起，在译学语料库建设、翻译语言特征、译者风格、翻译规范、翻译教学和口译等领域取得了令人瞩目的成绩，已发展成为重要的翻译学研究范式。其研究主要集中在以下几个方面：①译学语料库的建设研究；②语料库翻译语言特征研究；③语料库译者风格研究；④翻译规范研究；⑤翻译教学研究；⑥口译研究；等等。

译学研究语料库是为翻译研究目的而专门建设的语料库，包括翻译语料库、平行语料库和单语可比语料库等。根据 Baker（1995）的观点，翻译语料库和单语可比语料库可用于翻译文本的语言特征和译者风格的分析，而平行语料库的应用可以揭示译者的翻译策略以及具体翻译语言特征形成的原因。Maia（2003）分析了语料选择与语料的代表性。Kenny（2001）研究了语料的标注，语料标注是指对语料库语料样本的各种属性或特征所做的描述。Laviosa（1997）研究了语料的可比性，他将语料库的可比性标准分为：翻译方式（如为了阅读目的而翻译），翻译方法（如人工翻译），翻译方向（相对于译者的母语而言），源语语言、文本的出版现状（即是否出版）。

翻译语言特征包括翻译共性和具体语言对翻译语言特征。Olohan 和 Baker（2000）研究了翻译共性，考察了翻译英语语料库和英国国家语料库中 say/tell that 结构的应用，发现前者的 that 使用频率高于后者。Vandevoorde 等（2017）对于翻译文本语义特征的考察，是将考察点从语言层面推向纵深的首次尝试。Olohan（2004）研究具体语言对翻译语言特征，比较了翻译英语小说和原创英语小说中颜色同义词的使用频率，发现前者的颜色同义词使用频率低于后者，因而其使用缺乏变化。Jimenez 和 Miguel（2011）将显化概念的应用范围扩大到网络语言，是对此前研究的革新，也是跨学科领域研究的代表。Xiao 和 Dai（2014）对翻译汉语的词汇和语法特征进行了实证研究，这种对于英汉语言对的比较是该领域研究的进步。Kruger（2012）将翻译文本特征扩展到编辑语言，并发现其中共性所在，认为翻译文本实质是一种调节性语言，也是受限语言（constrained language）。

译者风格研究。译者风格是指译者在语言应用方面所表现出的典型特征以及包括作为翻译对象的文本选择、翻译策略和方法的选用、前言、后记和译注等在内的非语言特征。Baker（2000）利用翻译英语语料库，从类符或形符比、平均句子长度和叙事结构等三方面研究英国翻译家 Peter Bush 和 Peter Clark 翻译风格的差异。

翻译规范研究。规范是关于翻译作品和翻译过程正确性的规定。Baker（1993）强调翻译规范的差异源于社会文化的不同。Kenny（1998）应用德英平行语料库，分析德语褒义词和贬义词的英译规范。

翻译教学研究。语料库具有语料自动呈现和数据自动获取等优势，在翻译教学中具有广阔的应用前景。Monz6（2003）认为双语平行语料库或可比语料库的应用不仅能够让学生直接观察到源语语言系统的规则，而且可以帮助他们把握翻译文本自身的特征，建立对翻译转换的感性认识。Bowker（2001）提出教师可以利用翻译评估语料库，比较学生的译作，提供建设性的反馈意见。可比语料库可用于检查译文中术语和搭配的应用是否符合语言规范，判断具体翻译问题的解决方案是否合理、妥当（Pearson 2003）。Gallego-Hernandez（2015）对语料库在译者培训中的作用进行了考察和探讨。

口译研究。一些口译语料库主要应用于口译语言特征、口译规范和口译策略等领域的研究。口译语言特征研究涵盖翻译共性和具体语言对口译语言特征研究。Shelsinger（1989）分析了基于语料库的口译规范研究的困难。Gumul（2006）基于口译语料库，对同声传译中不同种类的显化现象进行实证分析。Lindquist（2004）利用自建的英语—西班牙语口译语料库，从意义、修辞值和清晰度的角度分析口译译文与原文信息的差异。他认为这一差异的原因是词性转换、增词和省略等口译方法的应用。

（2）国外语料库翻译研究述评。

自20世纪90年代以来，国外先后成功开发了一系列译学研究语料库，发表和出版了一大批语料库翻译学论著，相继召开了许多以语料库翻译学为主题或议题的学术会议。国外语料库翻译学研究取得了有目共睹的成就。但是仍然存在一些不足之处："①尚未实现与翻译学跨学科特性的有机结合；②翻译语言和翻译规范个性的研究没有得到足够的重视；③定量研究仍有上升空间；④语料库驱动研究尚未启动；⑤翻译教学研究有待加强。"（胡开宝等，2012）[391]

庞双子（2019）运用 CiteSpace 工具对2008至2018年国际语料库翻译研究文献进行了分析，结果发现：①语料库翻译研究从新研究范式的形成新工具的应用逐渐走向多考察点、多语种、多语体、多学科的发展模式；②翻译文本特征研究和语言对比研究仍是主流区域，并逐渐扩展到法律翻译、语言接触、译者风格、译者技能、教育、评估、新闻、医疗等方面；③非欧洲语言如汉语、韩语、阿拉伯语等与英语语言对比的研究有所提升；④变革力量既来源于跨学科能力，也需要围绕核心概念的精进研究，包括研究方法、研究角度的更新和深入；⑤文学翻译并未由于其他文本类型（法律、新闻等）的兴起而被取代，依然是语料库翻译研究的主要区域。

"因此，未来语料库翻译学研究应结合翻译学的跨学科特性，从文化层面研究翻译现象和翻译本质，重视翻译语言特征和翻译规范的个性研究。未来语料库翻译学研究还应着力将统计量测试等较为复杂的定量研究引入译学研究之中，开展语料库驱动的译学研究；建设翻译教学专用语料库，着力推进语料库在翻译教学尤其是翻译课堂教学中的应用。"（胡开宝，2012）[391-392]

从冉诗洋（2019）对《语料库翻译学新趋向》一书的评析可以了解到国际语料库翻译学的新趋势：一是过程研究与产品研究结合，即从现有的以翻译语言特征研究、译者风格研究和翻译规范研究等为内容的产品导向为主的研究，转向过程导向和产品导向结合的认知研究。二是从双语转向三语或者多语研究：由于多语语料库可以用来分析不同翻译文本的风格，为翻译文本的比较提供有效的参照系数，对其的研究成为今后语料库翻译研究的一大趋势。三是研究视角多元化。语料库翻译学从早期的语言学视角，发展到当前的以语言学为基础，逐渐引入认知、文化、政治学和叙事学等视角，研究视角呈多元趋势。

2. 国内语料库翻译研究综述

（1）国内语料库翻译研究现状。

自20世纪末以来，我国以王克非教授、胡开宝教授等为代表的学者致力于语料库翻译研究，内容涉及翻译共性研究、译者风格研究、翻译教学研究、机器翻译研究、语料库建设与应用研究、口译研究等方面，在我国翻译界掀起了语料库翻译研究的热潮。

第一，翻译共性研究。翻译共性研究即翻译普遍性研究，它是语料库翻译理论研究中成果最为丰硕的领域，主要有两类：一是对翻译普遍性的理论研究，如黄立波、王克非（2006）探讨了实证翻译普遍性研究中存在两种模式的结果不统一现象的解决办法。吴昂、黄立波（2006）指出以Mona Baker为代表的翻译共性研究在研究对象的界定和方法论方面存在一些问题，认为对翻译共性的研究不应局限于翻译过程本身，还应当从具体语言对、翻译方向、译者因素、文体类型等多个视角进行。许家金（2016）对可比语料库的翻译英语衔接显化问题进行了分析。二是翻译普遍性的实证研究。学者们通过创建的语料库对翻译普遍性或翻译普遍性的某个方面如显化、简化、范化等进行研究，其中显化的研究成果最多。胡开宝、朱一凡（2008）应用已建的"莎士比亚戏剧英汉平行语料库"研究了《哈姆雷特》汉译文本中显化现象和"把"字句应用及其动因。董敏、冯德正（2015）基于一定规模的英汉平行语料库，通过描写显化的逻辑关系类别、译文中出现的逻辑连接词、原文中隐含逻辑关系的词汇语法形式的语料库数据,对"语际显化"范畴的汉语科技译文逻辑关系的显化策略进行了实证研究。

第二,译者风格研究。基于语料库的译者风格研究亦是国内学者研究的焦点。刘泽权、闫继苗(2010)以《红楼梦》英文语料库的报道动词及其英译为例,研究了译者风格及翻译策略;卢静(2013)以《聊斋志异》译本研究为案例,探讨了基于语料库翻译学建立一种译者风格综合研究模式的可能性,并对两个主要英译本的译者风格特点进行了分析;黄立波(2014)借助双语平行语料库,以《骆驼祥子》3个英译本为考察对象,探究了汉英小说翻译中不同译者对汉语小说中"两可型"叙述话语的处理;胡开宝、谢丽欣(2017)在语料库分析译者风格内涵与特征的基础上,从词汇应用、句法结构应用、叙事特征以及翻译策略和方法应用等层面梳理了译者风格研究的进展和问题,详细分析了译者风格研究的具体路径。

第三,翻译教学研究。语料库在翻译教学中的应用研究受到中国学者的普遍关注,这一领域以王克非、秦洪武、李德超等为代表。王克非(2004)分析了双语平行语料库在翻译教学上的用途;王克非、秦洪武等(2007)通过语料呈现实验探讨双语对应语料库翻译教学平台的应用效果;李德超、王克非(2011)研究了基于旅游双语语料库的DDL翻译教学;刘泽权、刘鼎甲(2009)尝试将多媒体计算机技术与语料库方法运用于翻译教学改革;罗选民、刘彬(2009)尝试了开放型语料库在翻译教学中的应用研究;李颖玉、袁笠菱(2009)利用语料库语言学的研究方法对非英语专业研究生的英汉翻译中所出现的错误进行量化研究和统计分析。

第四,语料库机器翻译研究。语料库在机器翻译中的应用研究主要有三类:①介绍语料库在机器翻译中的应用。如巫振新、林锦国等(2008)介绍了专业语料库建立及其在机器翻译中的应用;林政、吕雅娟等(2010)提出了一种有效的从Web上获取高质量双语平行语料库的方案,即运用句对质量排序和领域信息检索两种方法将Web数据应用于统计机器翻译的模型训练。②利用语料库设计机器翻译系统或翻译数据库。如何莲珍(2007)

以汉、英语平行语料库为基础设计翻译数据库；刘妍、熊德意（2022）介绍了小语种到汉语平行语料库构建方法，该语料库包含波斯语到汉语、印地语到汉语、印度尼西亚语到汉语各 50 万条高质量的平行语料。③对机器翻译中的一些具体问题进行探讨。赵会军、林国滨（2022）从机器翻译译后和机器翻译应用两个角度总结漏译的语言学应对策略；从词、短语和句子三个层级入手，采用本地语料库和机器翻译数据的语境交叉确认策略确定漏译的词语，采用词向量语境关联搭配策略降低机器翻译漏译数量。

第五，语料库建设与应用研究。语料库的构建是整个语料库翻译研究的基石，从首个语料库的诞生到现代语料库的蓬勃发展，从手工语料库到数字化语料库，构建方法、存储方式和应用技术都发生了深刻的变化。从 2004 年王克非率先提出新型双语对应语料库的设计与构建，到 2008 年董红学、赵海燕尝试建设汉英类义词翻译平行语料库，2009 年张威提出口译语料库的开发与建设，再到 2012 年王克非论述中国英汉平行语料库这一超大型双语平行语料库的设计特点和研制方法，国内学者对于语料库的构建研究在不断探索中进步。

为翻译研究而建的语料库虽然目前仍以文学文本为主，如汪定明、李清源（2013）介绍了《老子》汉英翻译平行语料库的建设；黄立波（2013）介绍了中国现当代小说汉英平行语料库的研制与应用；胡开宝、邹颂兵（2009）分析了莎士比亚戏剧英汉平行语料库的创建过程及其具体应用；刘孔喜（2012）尝试性地进行了小型《楚辞》汉英平行语料库创建，探讨语料划分、标注、对齐、检索设置等操作的可行性方案；王翊、张瑞娥等（2021）以《淮南子》原文、白话译文及现有两个英文全译本建立汉英平行语料库，并对其应用于相关译学研究进行了展望。但双语或多语语料库的建设与应用已呈现向政治、经济、文化、军事、医学等领域扩展的趋势。李晓倩、胡开宝（2021）阐述了《习近平谈治国理政》多语平行语料库的研制背景、意义以及创建流程，介绍了多语平行语料库建设中遇到的困难及目前的解决方案，并探索该语料库在语言教学与研究中的主要应用。王莉娜（2022）提出了建设海峡两岸和香港英汉财经平行语料库的构想，内容包括建构目标、语料加工原则，并探讨了如何在翻译学、语言学、术语学等研究中发挥该大数据平台的作用。杨柳川、唐衡（2014）探索了建设影视字幕英汉双语平行语料库的可行性和功能特点。王岚、严灿勋（2015）探讨了我国军事英汉汉英平行语料库建设存在的问题及对策。邹瑶、郑伟涛等（2018）探究了冬奥会冰雪项目英汉平行语料库研制与平台建设。李德超、王克非（2010）论述了一种新型中英双语旅游语料库的设计理念和操作程序。

  第六，语料库口译研究。国内在基于语料库的口译研究方面一直较弱，直到 2009 年张威提出口译语料库的开发与建设，并分析了建设口译语料库的有利条件和困难。胡开宝、陶庆（2009）基于平行语料库，研究了汉英会议口译中语篇意义显化及其动因比，并在次年（2010）创建汉英会议口译语料库。语料库口译研究作为"基于语料库的翻译研究的分支"，开始受到译界重视，并取得了初步成果。学界讨论的焦点也从最初的语料库口译研究的意义及可行性，到不同类型口译语料库的设计与创建，再到口译产品以及口译过程的特点分析等。王克非、符荣波（2020）从五个层面探讨了欧洲议会口译语料库建设和研究对拓展语料库口译研究的意义；齐涛云、杨承淑（2020）以职业译员英汉双向同传语料库（ECTSIC-P）为例，介绍了多模态同传语料库建置过程中的主要问题。刘剑、胡开宝（2015）阐述了多模态口译语料库相关的建库技术，展望了多模态口译语料库的应用前景。符荣波、王克非（2021）基于自建新型跨模式汉英会议口译语料库，选用语料库翻译学中常用的词汇参数对交替传译、同声传译和原创英语口语文本的词汇特征进行了类比考察。邵娴（2018）基于一个自建的专业译员交替传译语料库，对专业译员的语块特征进行了分类、统计、对比及分析。

  根据以上数据可以看出，国内对语料库口译的研究还处于起步阶段，对跨学科成果的引入较少，未能充分发挥语料库语言学研究范式的优势，未深入探索译语特征、译员身份、口译风格等领域。口译语料库的开发和建设还需要学界给予更多的关注与努力。

（2）国内语料库翻译研究述评。

迄今为止，国内语料库翻译学在语料库的建设与技术、翻译策略与方法、翻译语言特征和翻译风格等领域取得了丰硕的成果，但同时也存在以下五种倾向："重笔译而轻口译；重文学而轻应用；重共时而轻历时；重文本而轻文化；重描写而轻解释。"（傅琳凌等，2020）[75]基于当前的成就与不足，傅琳凌、穆雷提出未来语料库翻译学发展的四条突破路径：从产品走向过程、从共时研究走向历时研究、从单模态走向多模态以及从数据生产走向知识生产。

3.1.4 平行语料库在民俗文化翻译中的应用研究

近年来，为响应国家"推动中华文化走出去，增强国家文化软实力"的号召，学者们开始重视民俗文化的翻译，并尝试将双语平行语料库（亦称平行语料库）应用于民俗文化翻译的研究。从中国知网以"语料库+民俗文化翻译"为主题检索文章（1995年至今），检索出相关文章16篇，均为期刊文章。从研究地域来看，主要涉及内蒙古、福建、广西、江西、山东等地方民俗。从研究内容来看，重点关注民俗文化平行语料库构建的意义、构建的过程和方法等。

高莹、宋玲枝（2020）认为语料库研究可以为民俗翻译研究提供新的研究视角，弥补传统民俗研究的缺陷，并阐述了山东省民俗翻译语料库建设的重要的实用价值：其一，可以以此为依托开展民俗文本及其他类型文本翻译规律及特点研究；其二，构建成功的语料库也可应用于翻译教学领域；其三，可以为山东省地方政府门户网站的构建提供理论指导和素材积累。王佳（2021）分析了平行语料库应用于江西非遗民俗汉英翻译研究的优势，认为其可以弥补国内及江西非遗民俗英译传统研究存在的碎片化问题。

姚爽等（2016）将平行语料库技术引入民俗翻译，从英文语料收集、中文语料库收集、语料库建设、语料库应用等四个方面阐述了民俗翻译平行语料库的建设方案。肖晓玲（2019）论述了客家土楼英汉平行语料库创建，运用语料库检索软件能对语料库中的特色文化翻译进行检索，可以校译不恰当的译文，对比不同译者的翻译风格，使客家土楼的翻译文本得到更加客观的分析与评估，为进一步开展土楼文化文本翻译提供了一定的参考依据。林杨（2018）阐述了设计、构建草原文化特色词语汉英平行语料库的过程：首先采集具有权威性和代表性的语料，利用 Tmxmall 语料对齐加工在线系统对语料进行加工与标注，再使用 Ant Conc 软件对语料进行检索，并对源语和目标语进行量化分析。他指出，基于草原文化特色词汇汉英平行语料库，对源语和目标语进行量化分析，可以帮助译者快速获取丰富的译文信息，解决翻译难题。孟小佳（2017）从语料库构建地域性背景、语料库设计、语料整理、语料加工方面论述了内蒙古民俗旅游资料汉英双语平行语料库构建过程，并分析了语料库的推广与应用价值。她认为基于内蒙古地区民俗旅游资料的汉英双语平行语料库是具有少数民族地方文化特色的专用语料库。该语料库的构建以语言准确、针对性强、语境丰富、检索便捷为主要目标，可以达到提高内蒙古旅游资料翻译质量、提升内蒙古的对外宣传能力的目的。

也有学者运用语料库研究文学名著中的民俗翻译，如余世洋、尹富林（2015）以莫言获奖作品《红高粱家族》的英译本为语料，通过考察《红高粱家族》小说中的民俗文化英译来探讨中华民俗文化的翻译策略，得出结论：葛浩文的翻译以读者为导向，在以归化翻译策略为主的同时也灵活兼顾运用异化以及归化+异化的翻译策略作为辅助。其目的就是在介绍优秀的文学作品的同时，追求行文通顺易懂。李建萍、黄勇（2020）通过双语平行语料库的分析，发现《红楼梦》杨译本和霍译本均再现了原文的叙事特点，与原文达到了一定的默契与呼应。在具体文本处理上，杨译忠实地传递了"节日习俗"的民族文化意象以及"节日习俗"的文化内涵和文化渊源；霍译则对中国节日习俗的"文化意象"采用了简化、归化和增补解释的翻译策略，对西方读者来说可读性更强。

综上所述，语料库翻译学的发展为民俗文化翻译研究带来了新的方法与研究手段，平行语料库的建立在语言的对比研究中起到了积极的作用。从研究内容看，平行语料库在民俗文化翻译的应用研究主要针对地方民俗文化特色词及文学文本中的民俗现象翻译，对地方民俗文化进行系统研究的较少。从研究区域看，目前对少数民族的民俗文化翻译研究较多，对湖区文化特别是洞庭湖区民俗文化翻译研究较少。因此，构建洞庭湖区民俗文化平行语料库，对洞庭湖区民俗文化翻译进行系统化的研究大有可为。

3.2 归化与异化

3.2.1 归化与异化的界定

归化（domestication）和异化（foreignization）源于德国语言学家、翻译理论家施莱尔马赫（Schleiermacher）的一篇论文《论翻译的方法》。他在文中提出的两种翻译途径：一种是尽可能让作者安居不动，而引导读者去接近作者；另一种是尽可能让读者安居不动，而引导作者去接近读者。1995 年，美国翻译学者劳伦斯·韦努蒂（Lawrence Venuti）在此基础上正式提出了异化和归化的概念。根据 Schuttleworth 和 Cowie 编写的 *Dictionary of Translation Studies* 中给出的定义，归化是指译者采用透明、流畅的风格以尽可能减少译语读者对外语文本的生疏感的翻译策略；异化则指刻意打破目的语的规范而保留原文的某些异域语言特色的翻译策略（Shuttleworth & Cowie，1997）。

3.2.2 归化与异化之争

归化翻译是一种以目的语文化为归宿（target language culture oriented

or TL culture-oriented）的翻译策略，即运用目的语文化易于接受的表达方式和语言规范，使译文更通俗易懂，更适合于目的语读者。归化翻译旨在尽量减少译文中的异国情调，为目的语读者提供一种自然流畅的译文。奈达是归化翻译的倡导者。他强调源语文化和目的语文化之间的动态对等或功能对等（dynamic equivalence or functional equivalence），包括语义对等（semantic equivalence）、语言对等（linguistic equivalence）和文体对等（stylistic equivalence）等。他认为翻译时不求文字表面的死板对应，而要在两种语言间（译文读者对译文信息的反应）达成功能上的对等，即：不仅译文的表达形式要纳入目的语的规范，而且文化层面也要纳入目的语文化的规范。例如：英语成语"to grow like mushrooms"用汉语成语"雨后春笋"来表达，"梁山伯与祝英台"译成"Chinese Romeo and Juliet"，"冰冻三尺非一日之寒"译为"Rome is not built in one day"，"三个臭皮匠，顶个诸葛亮"译为"Two heads are better than one"，"不入虎穴，焉得虎子"译为"Nothing venture，nothing gain"等都是典型的归化翻译。

20 世纪 40 年代至 20 世纪 80 年代，我国译界多注重归化，认为译文应该以归化为主。最具代表性有严复的"信、达、雅"，林语堂的"忠实、通顺、美"，傅雷的"神似"，钱钟书的"化境"及许渊冲的"三美"和"优势竞赛论"等。当代学者如蔡平（2002）、许继平、张荣曦（2002）等主张翻译应以归化为主。他们认为翻译的目的是让本国读者通过外国文字了解他国文化，所以译文在绝大多数情况下要符合译语规范。

异化翻译是以源语文化为归宿（source language culture oriented or SL culture-oriented）的翻译策略，即尽可能地保持原作的风味，使源语文化的异国情调得以保留，为了目的语读者能够领略到"原汁原味"的异国情调而不惜采用不符合目的语的语言规范。韦努蒂主张异化。他批判了以往翻译中占主导地位的以目的语文化为归宿的倾向，并提出了以解构主义思想来反对译文通顺的翻译策略。解构主义的翻译思想，不是要"求同"，而是要"存异"。韦努蒂认为翻译的目的不是在翻译中消除语言和文化的差异，而是要表达这种差异。异化翻译策略是对归化翻译策略的挑战，它的作用是表现源语文本的文化差异，让目的语读者感受异域风情，感受到其他文化的存在与独特魅力。如："唐"是外国人对中国人熟悉的称呼，外国人习惯把海外华人的聚居地称为"唐人街"，因而运用音译兼译法将"唐装"译为"dresses of the Tang Dynasty"，甚至更简洁地译为"Tang Suit"，外国人不难理解这是中国的传统服装。国内异化翻译的早期代表鲁迅认为："凡是翻译，必须兼顾两面，一当然力求其易解，一则保存着原作的风姿"，并提出了"宁信而不顺"的原则。近年来，以孙致礼为代表的诸多学者提出了中国的文学翻译从归化趋向异化的主张。如刘艳丽、杨自俭（2002）等明确支持孙致礼所主张的翻译以异化为主，他们认为有了一定外语基础的读者不会满足于译文的顺畅，而是想更多地了解异域风情，这是 21 世纪异化翻译成为主流的原因。

郭建中比较系统地梳理了归化与异化派争论的理由。主张在译文中保留源语文化的"异化派"的理由有："①有必要让目的语读者了解异国文化，这也是读者阅读译作的目的；②译者应相信读者的智力和想象力能理解异国文化的独特之处；③把源语文化移植进目的语文化将会丰富目的语文化及其表达方式；④翻译应起到文化交流的作用；⑤译文如果不能传达源语世界的现象，就不能算是'忠实于原作'。"（1998）[3] 与此对应，主张以目的语文化为归宿的"归化派"的理由是："①不论是把源语语言规范强加给目的语还是试图把源语文化体系强加给目的语文化都是不现实的，也是危险的。因此，译文不仅要克服语言障碍，还要克服文化障碍。②翻译就是跨文化交际，而译者的责任之一就是避免文化冲突。因此，译者在把一种文本移植到另一种文化中去时，要仔细权衡文化中思想意识的内涵。③译者要尽可能地消除隔阂，将源语文化转换成目的语文化，让译文表达内容和形式在译文读者对现实世界了解的知识范围之内，这样读者就能更好地理解译文。④译者不应对读者的智力和想象力提出过高的要求，强求目的语文化的读者理解源语文化作者的世界；译者应尽可能使源语文本所反映的世界接近目的语文化读者的世界。⑤在一种文化中有效的交际方式，在另一种文化中不一定同样有效；同样，由于译文读者往往用自己的文化观念来理解译文内容，因此即使原文中的每一个词都能用'对等词'翻译，也未必能保证译文对译文读者所起的作用能与原文对原文读者所起的作用一样或相似。从某种意义上来说，译意就是在源语文化和目的语文化之间取得'文化对等'。"（1998）[3]

部分学者对归化和异化的使用持一种辩证的看法，认为要从作者的意图、文本的类型、翻译的目的和读者的要求这四个可变因素来考虑，"归化"和"异化"均有其存在和应用的价值。郭建中（1998）认为，"归化"翻译与"异化"翻译不仅不矛盾，而且互为补充。译者既可采用"归化"的原则和方法，也可采用"异化"的原则和方法。至于在译文中必须保留哪些源语文化，怎样保留，哪些源语文化因素又必须做出调整以适应目的语文化，都可根据作者意图、翻译目的、文本类型和读者对象等因素做出选择。"归化"和"异化"将永远同时并存，缺一就不成其为翻译。张智中认为，异化和归化分为文化内容和语言形式两个层面。在文化内容层面上，应以异化为主，归化为辅；在语言形式层面上，则应以归化为主，异化为辅。异化与归化只构成翻译策略的两极，其中间地带是等化翻译。比如：To be on the thin ice 如履薄冰；Like a bolt from the blue 晴天霹雳；To strike while the iron is hot 趁热打铁；等等。从文化内容的层面上来说，这三个译例采取的都是等化的翻译策略。"就语言形式而言，因为中西语言结构和特征差别巨大，异化和归化的两极所占的空间也就较大，等化翻译的地带随之缩小。就文化内容而言，虽然中西文化之间也存在着显著差异，但由于语言所承载的文化内容，特别是具有鲜明民族特征的文化内容，毕竟是偶然有之，大部分的语言只是传达一些'平平淡淡'的信息和内容，异化和归化的两极所占的空间相对变小，等化翻译的地带随之扩大。"
（2005）[47]

3.2.3 归化与异化在民俗文化翻译中的应用研究

"归化"与"异化"是翻译界在如何处理文化差异的问题上所产生的两种策略。民俗文化翻译属于文化翻译的范畴，"归化"与"异化"翻译策略被广泛用于文化翻译特别是文学翻译领域。部分学者研究了归化与异化在民俗文化翻译中的应用。

在我国，以目的语为归宿的归化翻译曾在很长时间内占主导地位，目的是以自然流畅的语言满足译语读者的接受心理与审美期待。20世纪末，随着世界多极化格局的出现，各民族要争取自己的一席之地，就必须努力保存并传播自身的文化。在此背景下，异化翻译优势逐渐凸显，异化翻译地位逐步上升。学者们纷纷主张运用异化翻译观指导民俗文化的对外翻译。

姜智慧认为"异化翻译不仅有利于本土民俗文化的对外传播，同时，也能将源语中新的表达方式与语言成分移植到译语文化中，对译语文化是一种补充与丰富，有利于两种语言文化的相互交流与渗透，促进文化间的融合"（2010）[49]。他表示，译者采用异化翻译，在译文中对地方民俗文化形象充分保留，将有助于外国受众接触并了解历史悠久、博大精深的中华文化，有助于在民族融合的大趋势中保持自己独有的文化身份和文化地位。

吴斐指出："归化翻译法为迎合目标语读者，保持行文流畅，或多或少以牺牲源语的民族文化或语言特性为代价，这样就达不到民俗文化传播的最佳效果。而异化翻译法在进行民族民俗文化输出时更能保鲜文化，不至于造成本土民族民俗文化元素的流失。"（2014）[122] 并且，"异化翻译法在保留这些宝贵文化元素的同时也促进了各民族语言文化之间的交流和融合。与此同时，它也能扩展目标语表达范围，开阔目标语读者眼界，使他们原汁原味地体验异邦文化，感受别样风情"（2014）[122]。民俗文化翻译"要从'求同尊异'的理念出发，既要保留我国民族民俗特色文化，又要促进不同文化交融"（2014）[123]。

也有学者主张民俗文化翻译应是异化归化相结合，取长补短。姚丽文（2015）[103] 主张民俗文化翻译策略应是将异化、归化与等化各取其长，优化组合。"完全归化易导致汉语文化含量的降低，不符合中国目前对外文化传播目的。另外，在中西文化意象切近的情况下，等化策略往往能尊重源语及译语的固有文化与历史渊源，译词也多半是两国民众皆熟知的约定俗成之语言，有利于实现世界民族文化的融合与共生，但等化又不能完全脱离异化与归化。"简言之，民俗文化异功能词汇宜异化为主、归化为辅，民俗文化等功能词汇宜等化为主、归异兼顾。

杨琳（2013）在研究广西边疆地区民俗文化翻译时，考虑边疆地区民俗文化的特质及民俗文化的翻译目的，提出异化是首选的翻译策略。在异化翻译策略下，译者一般直译边疆地区少数民族所特有的语言及文化编码。但由于少数民族独特的语言文化特色，过度直译只会给目的语受众设置过多的阅读、审美与理解障碍，从而导致他们产生气馁放弃之心。因此，译者在采用异化策略的基础上，适当地采用归化策略可以有效地缓解文化冲突，通过意译技巧或描述或解释或曲折婉转地传达出原文的所指意义，使读者有效全面地理解译语内涵。

3.3 翻译传播学

学术界对于翻译传播的关注与研究已有一段历程。20世纪末以来，吕俊（1997）、孟伟根（2004）、姚亮生（2004）、唐卫华（2004）、张生祥（2013）、谢柯和廖雪汝（2016）等人相继将传播学理论引入翻译研究，开创了翻译学研究的新空间，呼吁构建翻译传播学。

吕俊是国内翻译传播理论的先驱研究者，他认为"翻译是一种跨文化的信息交流与交换的活动，其本质是传播，无论口译、笔译、机器翻译，也无论是文学作品的翻译，抑或是科技文体的翻译，它们所要完成的任务都可以归结为信息的传播"（1997）[39-40]。与普通传播过程不同的是，翻译是跨文化进行的，但其原理与普通传播相同。所以，他指出，"翻译应是传播学的一个分支，是传播学中的一个有一定特殊性质的领域"（1997）[40]。谢柯、廖雪汝（2016）以名实问题为核心，在"名"的层面论证了翻译传播学存在的合理性、研究的有效性和该学科发展的科学性，同时在"实"的层面界定了翻译传播学的研究对象并论述了其研究方法。通过对翻译传播学名与实的辨析，为建构翻译传播学做了积极探索。

随着传播学视阈下的翻译研究日渐兴起，"翻译传播学"作为一门新兴交叉学科已开始萌生并初步成型。

3.3.1 翻译传播的本质与定义

尹飞舟、余承法从传播的语言（或者符号）使用分析，认为"传播存在两种情况：一种是传播过程中使用同一种语言，称之为同语传播（一般传播）；另一种是传播过程中使用不同语言，称之为异语传播，即翻译传播。因此，传播的一般属性和'语言转换'的特殊性相结合，构成了翻译传播的本质属性"（2020）[171]。翻译传播可以定义为"异语场景中人类借助翻译实现的信息传递活动"（2020）[170]。

根据译者是否处于传播现场，翻译传播可以分为现场翻译传播（口译为主）和非现场翻译传播（笔译为主）。

谢柯、廖雪汝将翻译传播学定义为"运用传播学原理研究翻译现象和有关问题的学科，是翻译学和传播学的交叉学科"，认为"翻译传播学是将传播学的概念和范畴引入翻译学领域，为翻译研究建构新的参照系，实现翻译与传播的有机融合的一种翻译研究新范式。具体来说，翻译传播学将传播主体、信息、传播受众、传播媒介、传播效果等传播学概念和范畴引入翻译学领域，形成了翻译研究的新参照系，并借此实现了对翻译活动传播本质属性的新认识"（2016）[17-18]。尹飞舟、余承法指出，"翻译传播是伴随着语言转换的社会交往活动，研究翻译传播现象，不能脱离人们的语言转换和社会交往。翻译传播学是研究翻译传播现象及其规律的科学，是阐释人类使用不同语言符号进行信息传递与交流的知识系统"（2020）[171]。作为传播学的一个分支，传播学的基本概念、理论模式和研究方法适用于翻译传播学。

翻译传播学是一门新兴交叉学科，除了传播学、翻译学之外，与之密切相关的还有跨文化传播学、语言学、符号学、社会心理学、媒介学等。

3.3.2 翻译传播学研究的基本内容

翻译传播学是运用传播学原理研究翻译现象和有关问题的学科，是翻译学和传播学的交叉学科。传播学的基本概念、理论模式和研究方法适用于翻译传播学。

现今的传播学理论框架发端于美国政治学家哈罗德·拉斯韦尔（Harold Lasswell）提出的5W传播过程模式，即：谁（Who）→说什么（Says What）→通过什么渠道（In Which Channel）→对谁（To Whom）→取得什么效果（With What Effect）。"研究'谁'的学者察看传播者启动并指引传播行为的因素，这个研究领域称为控制分析；聚焦于'说什么'的学者进行内容分析；研究广播、电视、报纸、电影等传播渠道的学者所做的是媒介研究，如果研究者关注的重点是媒介通达的接受者，那是受众分析，如果研究媒介对受众的影响，那就是传播效果分析"（拉斯韦尔，2013）[35-36]。之后有学者刘安洪、谢柯（2014）在拉斯韦尔理论基础上又补充了两个要素，拓展了两大研究领域，即传播的目的研究和传播的环境研究。拉斯韦尔为传播学构建了基本的理论框架。这个基本的理论框架正是翻译传播学建立自身理论体系的根基。谢柯、廖雪汝（2016）将翻译传播学的研究内容概括为七个方面，即翻译的传播主体、翻译的传播内容、翻译的传播媒介、翻译的传播受众、翻译的传播效果、翻译传播的目的及翻译传播的环境。

尹飞舟、余承法（2020）认为翻译传播学研究的基本内容就是翻译传播的本质与过程。其中，过程研究包括过程总论（过程模式）和分论（六个要素，即主体、客体、译者、媒介、受体、效果）等。

1. 翻译传播过程模式

基于拉斯韦尔传播过程5W理论，在翻译传播过程中加入了译者，即"Who translates"这一翻译传播特有的要素，由此构成了翻译传播的6W：主体→客体1（原语讯息）→译者→客体2（译语讯息）→媒介→受体→效果。

"由于翻译活动的主要任务是处理语言符号，此处的客体（讯息）用原语讯息（Source Language Message）和译语讯息（Target Language Message）加以区分。是否有译者参与，即讯息是否发生语际转化是区分翻译传播与一般传播的标志。"（尹飞舟等，2021）[45]

"翻译传播六个要素中，效果是其目的与结果；作为客体的讯息是联结各个要素的焦点。主体、译者、媒介及受体处于翻译传播过程的四个环节：发起环节以主体为中心，发出讯息；翻译环节以译者为中心，完成讯息的语言转换；传输环节以媒介为中心，传输讯息；接收环节以受体为中心，接收讯息。"（尹飞舟等，2020）这种线型模式是翻译传播的最基本的模式，体现了翻译传播各要素之间的关系，可用于描述单一翻译传播活动的环节与要素。

"如果把现实中传播的双向性、主体与受体的角色互换考虑进来，就是翻译传播的循环模式。翻译传播往往是多种翻译传播活动相互影响的综合过程，这种影响既可能是共时的，也可能是历时的，在考察具体翻译传播活动时加入其他翻译传播活动的影响，就是翻译传播过程的系统模式。现实的翻译传播是在复杂的社会环境中进行的，翻译传播受到政府和机构、社会制度、舆论、民众心理、社会习俗等各种社会因素的制约，同时也对社会产生作用和影响，这就形成了翻译传播的社会模式。"（尹飞舟等，2020）[172]

2. 翻译传播主体

作为翻译传播活动的发起者，翻译传播主体是翻译传播过程的第一要素，控制整个翻译传播过程并且影响传播效果。翻译传播主体是实际传播行为的责任主体，具有五大责任和权力："决定翻译传播内容，确定呈现形式，选择媒介方式，挑选译者并与之互动，提供实施翻译传播所需的条件。"（尹飞舟等，2020）[173]个人、群体、组织都可以成为翻译传播的主体。学者们可以从传播学角度研究传播主体的形象、传播主体的组织协调能力等对最终翻译传播效果的影响。

3. 翻译传播客体

翻译的传播客体，即传播的讯息，也是主体、译者、受体、媒介、效果等因素互动的焦点。翻译传播学需要借鉴语言学、翻译学、符号学、信息学、媒介学等学科理论来分析讯息的结构特点、语言特点、文化特点及处理策略等。

根据人类运用语言符号交流的方式，翻译传播可分为话语的翻译传播和文本的翻译传播。话语的翻译传播主要通过现场口译来实现，对话语翻译传播的研究与翻译学中的口译研究存在共性。文本的翻译传播与传播媒介相关，在翻译传播中呈现出复杂性和多样性。

"一般传播过程的讯息传递是从传播者经过媒介直接到受传者，但翻译传播的讯息传递有三个阶段：原语理解（原语讯息从主体到译者）、语际转换（译者对原语讯息进行加工处理）、译语表达与传递（将加工处理之后的讯息用译语表达出来并传递给受体）。"（尹飞舟，2020）[173]

翻译传播客体研究可以从传播学角度重新认识翻译的内容，并运用传播学中的信息理论等考察选择怎样的讯息能够取得良好的传播效果。也可从翻译传播讯息的处理策略进行研究，比如：运用口译理论指导话语翻译传播策略；运用文本类型翻译理论指导文本翻译传播策略。如英国当代翻译理论家纽马克从语言功能角度，将文本类型主要划分为三类：表达型文本（Expressive Text）、信息型文本（Informative Text）、呼唤型文本（Vocative Text）。

根据传播媒介特点，传播的文本类型主要有报纸文章、期刊文章、图书、会议文件、影视文本、图片会展说明、公共场所信息、互联网电子文本等。

4. 译者

翻译传播关于译者的研究主要包括译者在翻译传播过程中的地位，译者所处的社会环境，译者的个人素养、译者活动与其他要素之间的互动，译者翻译技术的应用以及从译者角度如何提升翻译传播效果，等等。

译者不一定是翻译传播的主体，但一定是翻译的主体，他可以是翻译传播过程中从事翻译活动的人、机器或两者的组合。译者是将原语讯息转换成译语讯息的"把关人"。"译者的主体性表现在两个方面：其一，译者是翻译传播的关键要素，没有译者的参与翻译传播就无法实现；其二，译者参与讯息传递的内容筛选。译者与翻译传播主体、翻译传播受体三者的互动是翻译传播过程中最基本的互动。充分掌握并运用传受双方语言与文化的译者或译者组合是翻译传播的'理想译者'。"（尹飞舟等，2020）[173]

5. 翻译传播媒介

传播媒介有两层含义：一是指传递信息的手段，如报纸、广播、电视、计算机网络等与传播技术有关的媒体；二是指从事信息的采集、选择、加工、制作和传输的组织或机构，如报社、电台和电视台等。一方面，作为技术手段的传播媒介的发达程度决定着社会传播的速度、范围和效率；另一方面，作为组织机构的传播媒介的制度、所有制关系、意识形态和文化背景，决定着社会传播的内容和倾向性。根据媒介出现的先后顺序，可分为早期符号媒介、语言媒介、文字媒介、印刷媒介、电子媒介和网络媒介。

翻译传播的媒介研究在翻译研究中不多见，但却是传播学研究的重要内容之一。因为传播媒介因素在一定程度上能影响翻译传播的效果。

"翻译传播媒介具有以下特性：传播活动中存在翻译环节；传播活动需要获得作品著作权人的授权；有些翻译传播活动存在跨国或跨区域的媒介合作；有些翻译传播活动需要得到相关管理部门的许可。研究翻译传播媒介的特性、类型及其翻译传播能力建设，是翻译传播学的一个广阔领域。"（尹飞舟等，2020）[173]

翻译传播媒介研究可以关注不同传播媒介的特征及其与不同类型翻译之间的关系，使传播媒介与具体的翻译类型很好地匹配，并达到良好的传播效果，也可从不同类型传播媒介实践案例分析着手，研究不同类型媒介的运用、发展与运作规律及其对翻译传播的影响等。比如探究抖音（TikTok）这样的互联网短视频媒介的特点和传播规律、传播意义及其对中华文化翻译传播的效果等。

6. 翻译传播受体

翻译传播受体是翻译传播讯息的接收者，如接收者为群体，则被称为"受众"。翻译传播受众的认同极为重要，忽略受众的特点、期待和需求等，难以达到传播主体设定的预期目标。

对于受体而言，翻译传播讯息往往表现为一种异质文化，受意识形态、文化传统和群体意识的影响很大。翻译传播活动能取得怎样的效果，最终取决于受体对传播客体的接受程度。翻译的传播受众研究主要是探究目标受众的类型、特点及其他们的心理、性格等影响其接受传播客体的诸多因素及受众的反馈。

尹飞舟、余承法（2020）建议运用传播学、跨文化传播学、心理学和营销学等学科理论，研究翻译传播受体对翻译传播讯息接收的行为特征及其规律，着重研究各类翻译传播受体的社会环境和文化心理，各类翻译传播受体的需求，从受体角度研究提升传播效果的策略。

诚然，目标受众并非被动地接受传播主体传递的讯息，他们往往根据自己的兴趣、爱好、需求等主动寻求特定的讯息，具有选择性注意、选择性理解和选择性记忆的特点。翻译传播媒介面对的是不同语言环境、不同文化背景的受众，可以有意识地引导受体参与翻译传播活动，请他们来"试读""试看""试听"即将推出的翻译传播产品，听取他们的反馈，以便及时改进完善。

以往的翻译研究较少涉及受众研究，导致翻译传播效果不够理想。翻译传播学框架下，受众研究被提高到一个前所未有的高度，具有重要的理论意义和实践意义。

7. 翻译传播效果

"如何评估和改善翻译传播效果是翻译传播学要解决的一个基本问题，也是翻译传播学研究的根本意义所在。"（尹飞舟等，2020）[174]

翻译传播效果既指翻译传播行为对受体产生的心理、态度、行为等方面的影响，也指对于受众所处社会产生的影响。前者主要研究传播活动的具体效果，后者主要研究传播过程的综合效果。由于翻译传播过程中讯息经过了语际转换，因此对翻译传播效果的考察更注重主体意图是否实现和讯息是否准确传递等。在考察翻译传播效果时应尤其注重实证方法的运用。对翻译传播效果进行科学测定有助于帮助翻译传播主体认识在翻译和传播过程中的不足，以便在再次传播时予以规避或加以改善以获得更好的传播效果。

"翻译的传播效果研究主要包括传播效果理论及其对翻译的启示，影响翻译传播效果的诸因素，翻译传播效果评估中的主客体指标及翻译传播效果的定性、定量评估方式等方面。"（谢柯等，2016）[17]

3.3.3 翻译传播学的研究方法

翻译传播学总体可采取定量研究与定性研究相结合、历时研究与共时研究相结合、规范研究与实证研究相结合的方法。

翻译传播学是翻译学和传播学的交叉学科，其研究方法应该是传播学研究方法与翻译学研究方法的有机融合。翻译传播学需要借鉴以拉斯韦尔、施拉姆等为代表的传播学经验学派方法论和以阿道尔诺、马尔库塞等为代表的传播学批判学派方法论，综合运用实证分析和辩证分析。在具体研究方法上，可以采用传播学的问卷调查法、内容分析法、控制实验法、辩证分析等，以及翻译学的文献研究、语形—语义—语用分析、文本比较、语料库研究等。

3.3.4 翻译传播学的应用

1. 翻译传播学的社会应用现状

尹飞舟、余承法（2020）总结了翻译传播学社会应用的五个方面：

（1）为各类作品的翻译传播提供指导。通过总结作品（比如外译的中华文化典籍）翻译传播过程、分析各类典型案例，翻译传播学不仅能够从理论和实践上给作品翻译传播过程的互动提供指导，而且能够给作品翻译传播效果的评估提供方法。

（2）为翻译传播项目（如国际会议外宣、国际文化交流项目等）的运作提供借鉴。通过分析各类翻译传播项目的典型案例，从项目运作上提供参考范例，从方法上为各类翻译传播项目的效果评价模型提供借鉴。

（3）为加强媒介翻译传播能力建设提供支持。通过对各类媒介翻译传播实践进行理论总结、建立媒介翻译传播影响力的评估体系、为媒介培养翻译传播人才等，从理论和实践两个方面为媒介翻译传播能力的提升提供支持。

（4）为提高社会翻译传播服务水平提供帮助。公共场所的外语标识、旅游景点介绍、政府部门及各类组织的外宣等社会翻译传播服务逐渐增多，翻译传播水平亟需提高。翻译传播学通过分类指导，普及社会翻译服务知识，有助于提升各类社会翻译传播服务水平。

（5）为促进中外交流、讲好中国故事提供理论支持。翻译传播学可以助力新时期中外交流和中华文化"走出去"，为解决目前存在的翻译传播效果不好、翻译传播途径不畅、翻译传播能力不强等问题，增强国家的文化软实力和国际话语权等提供理论支持。

2.翻译传播学的应用研究

当前，在国家"文化走出去"战略和"加强国际传播能力建设，重视对外翻译工作，构建中国国际话语权"等政策鼓舞下，学者们争相开展对外翻译传播研究，在中华文化典籍、电影字幕、民俗文化等领域均有涉猎。

吴玥璠、刘军平（2017）从翻译传播主体、翻译传播内容、翻译传播媒介、翻译传播受众、翻译传播效果、翻译传播目的及翻译传播环境方面对《礼记》英译的海外传播做了综合性梳理，并提出了以他人之口增加传播的可读性和公信力，并借海外平台确保《礼记》的有效传播就是当代译者、学者需要共同努力的方向。李耀（2021）借鉴翻译传播学经典理论，结合《孟子》外译的特异性表现，从译介过程中主体、客体、媒介及受众四个层面展开研究。他认为，在传播主体方面，应选择国内外知名的翻译家和对中国文化有极大造诣的学者，注重提高中国传统文化研究的自主解释权和国际话语权；在传播客体方面，翻译文本应与目的语言国家读者的需求和习惯相契合；在传播媒介方面，应和国外知名出版社合作，并结合新技术多模态对图书进行推介，提高译本知名度和曝光度；在传播受众方面，应注重文本的可读性、准确性和丰富性等。魏艳、刘明东（2019）从传播学角度剖析了毛泽东湖湘地域旅游文化诗词的汉英翻译对湖湘旅游文化对外传播的影响，并选取了毛泽东诗词三个译本中涉及湖湘地域旅游文化描述的若干片段，探讨如何在旅游文化翻译过程中优化传播效果，帮助西方读者正确理解湖湘旅游文化。他认为在翻译毛泽东湖湘文化诗词时，对于以传递指示性或概念性内容为主的信息类文本，归化成分可以大于异化；对于具有鲜明语言风格、浓厚文化底蕴的文化负载类文本，在保持译文在译语文化中可读性的前提下则尽可能多地采用异化手段；而不管采用何种翻译策略，对文化负载词添加注释都是必要的。

廖雪汝、赵妍（2020）从翻译传播学的角度，对《绿皮书》在字幕翻译策略上存在的失误进行了梳理，从传播主体、传播受众和传播效果等方面，为字幕的英译汉提出了可行性策略。张保国（2021）基于翻译传播学视角，尝试构建宣传片传播模型，以明确传播要素在信息制译及传播过程中的职能与关联；认为字幕翻译应遵循"言简意俗"的原则，应根据语境、情境和片景灵活使用浓缩直译、简化直译、压缩性意译、缩补性意译、省译等缩减式译法；翻译文化意象应保留物象显化寓意，物象与寓意不可兼得则舍物象取寓意。

余承法、万光荣（2021）根据翻译传播的主体、客体、译者、媒介、受体、效果等六个要素之间的互动关系，针对翻译传播的发起、翻译、传输、接收四个阶段依次确立优选优创策略、对外翻译策略、国际传播策略和效果评测策略，以中国（长沙）马栏山文创产业园为文化交流基地和国际传播平台，建构了一个有机统一、循环往复、自我优化的湖湘文化"走出去"策略体系。段文婷（2020）以翻译传播学6W模式（原语讯息、译者、译语讯息、媒介、受体和效果）为理论基础研究陕西民俗语汇翻译，指出民俗语汇的翻译传播是一个动态的过程，包括主体、原语民俗语汇、译者、民俗语汇的译文、媒介、目的语读者和传播效果。在民俗语汇翻译传播过程中，译者要根据不同情况，合理地运用四种翻译策略——编码复制、编码改写、编码构建、编码复制与构建，以达到最佳的文化传播效果。杨晶晶（2021）引用翻译传播理论中的三大因素（翻译设计因素、传播涉及因素和翻译传播因素）七大方面（翻译传播主体、翻译传播内容、翻译传播媒介、翻译传播受众、翻译的传播效果、翻译传播目的、翻译的传播环境）分析了内蒙古民俗文化翻译传播的问题，旨在明确文化翻译传播的模式与路径，规避翻译中失真、变味等问题，促进内蒙古民俗文化更加形象、准确地对外传播。

虽然翻译传播学是一门新兴交叉学科，初具雏形，但在后疫情时代，中华文化的国际传播遭遇文化、制度和意识形态等方面较严重的阻碍，急需借鉴翻译跨学科研究新兴范式，研究以跨语言传播为特征的翻译传播内在规律，探索克服传播障碍、构建中华文化国际传播形象的策略。

第 4 章
洞庭湖生态经济区民俗文化概述

洞庭湖，古称云梦、九江和重湖，是中国第二大淡水湖。洞庭湖之名，始于春秋、战国时期，因湖中洞庭山（即今君山）而得名。洞庭湖北纳长江的松滋、太平、藕池、调弦四口来水，南和西接湘、资、沅、澧四水及汨罗江等小支流，由岳阳市城陵矶注入长江。洞庭湖区是历史上重要的战略要地、中国传统文化发源地，是中国传统农业发祥地、著名的鱼米之乡，也是湖南省乃至全国最重要的商品粮油基地、水产和养殖基地。

4.1 洞庭湖生态经济区概况

洞庭湖生态经济区指长江中游荆江段以南，以洞庭湖为中心，横跨湘、鄂两省的广大冲积平原和湖泊水网地区，主要包括湖南省的岳阳、常德、益阳三市，长沙市望城区以及湖北省荆州市，共 33 个县市区，总面积 6.05 万平方公里，常住总人口 2 200 万。洞庭湖生态经济区上承大武汉城市圈，下接长株潭城市群，地处长江产业带与华南经济圈、长三角与成渝经济区的枢纽地带，承东启西，连南接北，地理位置得天独厚，区位优势十分明显。在自然资源方面，水域面积占湖南全省 1/2，人工湿地占全省 1/4，湖泊湿地占全省 9/10，是国家重要自然保护和湿地保护区；在农业资源方面，耕地占全省 1/5，主要农产品占全省 1/3，水产品产量占全省的 1/2，是长江流域重要农产品供应基地，自古就有"鱼米之乡""天下粮仓"的美誉。此外，规模工业总量占全省的 1/3，年均地区生产总值占全省的 1/4，区内的石化、食品、轻纺、船舶制造等产业在全省占有重要地位，是湖南仅次于长株潭城市群的第二大经济增长极。

2014 年 4 月，国务院批复《洞庭湖生态经济区规划》，对洞庭湖生态经济区建设进行战略部署，打造更加秀美富饶的大湖经济区正式上升为国家战略。湖南省"十二五"规划提出建设洞庭湖生态经济区，将全省区域经济建设划分为长株潭、湘南、大湘西、洞庭湖地区四大区域板块。2014 年 7 月，湖南省发布洞庭湖生态经济区规划实施和建设行动计划。2022 年全国两会期间，湖南代表团提出的第一项全团建议就是《关于进一步支持洞庭湖生态经济区建设的建议》。2022 年 2 月，国家发展改革委印发《长江中游城市群发展"十四五"实施方案》，明确提出持续推动洞庭湖生态经济区建设。洞庭湖生态经济区作为国家级重要发展片区，是国家战略发展的重要部分。域内洞庭湖是长江流域重要湖泊，在保障国家粮食安全、防洪安全、生态安全等多个方面具有不可替代的重要作用。当前，进一步推动洞庭湖生态经济区高质量发展，对于守护好"一江碧水"、加快建设新阶段现代化美丽长江经济带具有重要意义。

4.2 洞庭湖生态经济区民俗文化分类

洞庭湖生态经济区不仅土地肥沃、资源丰富，而且文化底蕴深厚。洞庭湖是世界稻耕文化的摇篮和最古老的农业发源地之一。千百年来，洞庭湖区人民代代相传的生产与生活方式和民俗风情形成了多姿多彩的民俗文化：农耕民俗如"打春牛""开秧门""开镰酒"；渔业民俗如"捕鱼前天气占卜""渔民开头礼仪"；特色饮食如"巴陵全鱼席""擂茶""湘莲""常德米粉"；岁节民俗如"端午赛龙舟""长乐故事会"；传统工艺如"岳州青瓷""岳州扇""益阳竹艺";民间音乐戏曲如"洞庭渔歌""巴陵戏""地花鼓";民间传说如"刘海砍樵""柳毅传书""湘妃泪竹"等。它们既是洞庭湖生态经济区文化的重要组成部分,也是该区域最具特色的旅游资源之一。

4.2.1 生产民俗

洞庭湖生态经济区拥有"高水湖相,低水河相;水浸皆湖,水落为洲"的地貌特征,表现出浓厚的湖乡农业文化与渔业文化特色。在环洞庭湖区传统的水稻生产过程中,"打春牛""开秧门""开镰酒"等生产习俗独具特色,锄头、耙、犁、扮桶、石磨、砻子(谷推子)、风车、鸡公车、手摇水车、升、斛等农具五花八门,应有尽有。如今,随着农业机械化的推广,这些农具基本上已退出历史舞台,但是它们所承载的历史文化积淀仍然激起人们对田园生活的无限向往以及对传统农耕文化的好奇。特别是像捕鱼、采莲、挖藕、摘菱角等渔业生产民俗现在已成为洞庭湖生态经济区最具竞争力与地方特色的民俗旅游资源。

1. 农耕民俗

洞庭湖流域和湘江下游地区是我国稻作农业的发源地之一。早在8000年前的新石器时代,湖区就开始种植水稻。由刀耕火种到犁耕生产再到耕牛以及灌溉工具的使用,农业生产工具缓慢演进,其中有些农具和生产习俗仍然在农事活动中扮演着重要的角色。

手摇水车:由木链、刮板及手摇架组成,人力转动,较脚踏水车费力,车身杉木质,车轱辘为樟木,通长360厘米。

耙:有坚齿耙、伐耙(耕耙)、浪耙、站耙、踏耙、钉耙几种。耙是农户用于碎土、整地的工具,多为长方形双排顺齿耙。

犁:翻耕水田、旱土的农具。历代农民种田主要依靠耕牛牵拉旧式农具,进行翻耕作业。犁的品种有板田犁、抄田犁、坡地犁、人拉犁。有大犁、小犁之分,大犁用于翻耕旱土、板田,小犁用于耕烂泥或耕第二遍。

扮桶：人力水稻脱粒工具，与扮折、打扮（扮刷）等配套使用。扮桶为四方形，上宽下窄，篾制扮折围其三方，经扮刷拍打脱粒。

鸡公车：又名独轮车，是 20 世纪六七十年代中国农村的主要运输工具。

水井：水井在旧时人们的生活中扮演着十分重要的角色，冬暖夏凉的井水是城乡居民不可或缺的生活资源。特别是在城区，星罗棋布的水井给城市留下了无数古老的传说和动听的故事。夏夜的星光下，围坐在井栏旁，吃着用清冽的井水浸润过的西瓜，手摇蒲扇听老人闲话古今，充满着市井烟火气息。

风车：用来去除稻谷等农作物中杂质、瘪粒、秸梗屑等的木制传统农具。其基本构造是：顶部有个梯形的入料仓，下面有一个出大米的漏斗，侧面有一个出细米、瘪粒的小漏斗，尾部出谷壳；木制的圆形"大肚子"藏有一叶轮，有铁做的摇柄，手摇转动风叶以风扬谷物，转动速度越快产生的风越大。

石磨：把米、麦、豆等粮食加工成粉、浆的工具。

砻子（谷推子）：分竹、木两种，是为稻谷去壳的专用工具。操作时用推耙子顺时针方向推转，稻谷经上、下齿盘搓擦去壳而出齐米（又叫糙米）。随着打米机的问世，砻子逐渐被淘汰。

升、斛：粮食量具。一斗等于十升，五斗等于一斛。过去地主盘剥佃户用大斗进，小斗出。

洞庭湖畔的沃土不仅适合种水稻蔬菜，也同样适宜种水果。水果种植同样有讲究。《湖湘文化读本》中有记载，每逢花朝节早饭后和除夕日团年饭后，洞庭湖区凡有果树的人家，由男性长辈将长尺许、宽两寸的新红布条依次在果树上择南枝悬系，每棵树悬系一条，一为祝贺果树生日，二为祈求花繁果茂。当地有俗语云："果树挂红，年年兴隆。"这种习俗至今仍在汉寿、桃源、常德、南县、沅江、安乡、益阳等地流行，但有的地方已将系红布条改为了系大红纸条。

2. 渔业民俗

旧时在洞庭湖区行船，都有一定的行船规矩。如：开船敬菩萨，上船绕船头，说话避禁忌，睡觉分高低。而且，从造船到开船，不管是平常日还是庙会日，人们都要敬神灵。这自然是把水上风险的避免寄托于冥冥之中的神灵。所以，敬神是船民习俗中的首要事情。洞庭湖一带船家，大多在舵房立有神龛，小的一尺多高，大的则有两三尺高。内供三个木雕菩萨：鲁班先师、杨泗将军、赵公元帅（或关帝圣君或水母婆婆）。同时，船行江河，见庙必敬。洞庭湖一带庙宇甚多，"大庙不离洞庭（王爷），小庙不离杨泗（将军）"。

湖区渔民捕鱼前要占卜天气，主要是占天、占云、占风。其中，八月十五中秋是最为重要的占卜日期。《巴陵县志》曰：以月色之明暗卜江鱼之有无，定来岁"元宵"阴晴。渔民每天出湖作业时，必先观察天气变化，正如谚语："早看东来晚看西，天上无云风浪平，乌云滚滚岸边行。"

"行船跑马三分险。"旧时渔民为躲避风浪之险，祈天求神保护，因此渔民在船上忌说"沉、滚、翻、龙"等词，改用同义词代替。例如烧茶时水开了，只能说"开"，不能说"滚"；不能说"龙"，因为俗语说"龙头蛇尾"是不吉利的。

渔民称过年为"开头"，意为一年到头了又开头。"开头"礼仪简古：只在船头上用切开的萝卜插上三根香，供上一条活鱼，烧三片纸钱，放一挂鞭炮，合家吃一餐"开头饭"。每逢农历初一、十五打"牙祭"（会餐），开餐前，先投一点酒肉于江湖中，表示祭奠水神。打鱼的行规有"三不打"，即"休渔期不打、产子鱼不打、太小的鱼不打"，打来的小鱼都会放生。打鱼以不同业笥（工具）和家族分帮，有撒网的、挂钩业的。遇到风险时同行会互帮互助，共同抵御风险。

《岳阳风土记》中详细记载了湖区捕鱼场景，很是壮观。很多谚谣生动形象地说明洞庭湖的鱼虾之繁多、硕大以及捕鱼人的本领之高强。如"洞庭湖边牛大八百斤，鱼大无秤称""洞庭湖的虾子，犁马大的脚"

"三桨当不得一橹，三橹当不得一篙，千桨万篙当不得烂布子伸腰""洞庭湖人的本事高，指甲破鱼不用刀"等。旧时渔民在捕鱼时，相信世代承袭的语言魔力，因此有默念祝词的风俗。在撒网下去后，心中要默念："壮的来，瘦的走，鲶、鲤、鲫、鳜样样有，大鱼小鱼快上手。嫩的来，老的走，杆、鲮、鳅、鲇样样有，肥鱼嫩鱼快上手。冰块化，鱼儿游，鲤、鲭、鳙、鲳齐出头，大鱼小鱼出洞口。"这种默念祝词的打鱼风俗，实质上是古老祭歌的原始遗风的残存，其中记录了"鲮、鳅、鲇、鲶、鲤、鲫、鳜、鲭、鳙、鲳"等十几种鱼类，由此可见洞庭湖鱼类的丰富。

4.2.2 饮食文化

洞庭湖自古以来物产丰富、商贾云集、物流通畅，使得洞庭湖区饮食文化丰富多彩、兼容并蓄而且善于创新，洞庭湖因此也成为湖南、湖北地区饮食文化史乃至中国饮食文化史上重要的融合和创新之地。

1. 洞庭湖区饮食文化特点

（1）具有鲜明的水乡特色。

洞庭湖区自古水网密布、河湖众多，这让湖区饮食无论从烹饪原料的选择上还是烹调方法上都体现出浓厚的江湖水乡特色。

从菜品上来看，洞庭湖区菜的烹饪原料以水产品居多，最有名的当属鱼鲜类原料，湖区淡水鱼类达 110 多种并且产量很大，在这些鱼类产品中尤以洞庭银鱼、刨花鱼、桂花鱼、翘白鱼、回头鱼、鳊鱼、青鱼、草鱼、鲢鱼、鳙鱼、鲤、鲫、赤眼鳟、大口鲶、财鱼等最为有名。唐代诗人李商隐《洞庭鱼》一诗描写了洞庭湖鱼数量繁多的壮观景象："洞庭鱼可拾，不假更垂罾。闹若雨前蚊，多如秋后蝇。"鱼自然成了洞庭湖区人餐桌上必备的美味佳肴。

王建华 1（2017）总结了洞庭湖区吃鱼的历史习俗：洞庭鲫鳜鲤鲂，美如牛羊。到两汉时，"鱼"在洞庭湖区是与"稻"一样普遍的食品，《史记·货殖列传》称这一带"饭稻羹鱼"，《汉书·地理志》讲"民食鱼稻"。到唐宋之时，鱼不仅是人们日常生活中的寻常食品，而且讲究吃什么鱼和怎么吃鱼。北宋嘉熙年间，知岳州军的李曾伯便在岳州饱尝过河豚、鲈鱼，席间赋诗称赞："午食河豚晚食鲈，两鱼风味绝悬殊。笑他俗子甘鳅鳝，为此杯羹戒不虞。"宋代后，城乡居民设宴有"无鱼不成席"之说，通常以猪肉多少、鱼的大小论筵席的丰盛与否；以鱼作"压底"之肴，有"鱼到酒止"之说。其时席上置鱼，只限于鲤、鳊、青、鳜几种，鳖、龟、财鱼、鳝鱼被排斥在外。同样一种鱼，什么时候吃、吃多大的、什么部位最好吃，洞庭湖区人们总结出了一套品味鱼肴的经验，有许多"顺口溜"："鳙鱼头鲤鱼尾，鲢鱼肚皮草鱼嘴，青鱼中段肉最美""一个鲫鱼脑壳四两参""伏天团鱼九月龟""三月螺四月蚌""猪吃叫，鱼吃跳""马蹄团鱼笔杆鳝""鱼味四季香，春鲢、夏鲤、秋鲫、冬鳊""鲇鱼拖瘦鲤鱼嘴，鳊鱼肚皮味最美""宁可晚间不睡床，不要丢掉财鱼肠""财鱼肠，鳜鱼花""吃到江里味最佳""天子吃的也不过是鸡鱼肉""黑眼睛鱼味最美，红眼睛银鱼不可比""鱼肉无盐，吃也不甜""要得发，生盐擦""腊鱼腊肉，见火就熟""会打官司要有钱，会做咸鱼要有盐"。

洞庭湖区人们以鱼为料，烹饪出数以百计的鱼味菜肴。广为流传的名菜名肴有：瑞雪迎春、鳜花飘香、繁星伴月、龙凤呈祥、菊花财鱼、蝴蝶飘海、笔架鱼肚、油炸凤尾、银鱼炒蛋、银鱼肉丝、银鱼肉丸汤、银鱼红枣汤、火焙嫩子鱼、酸辣虾饼、酸辣凤尾汤等。还有各式"坛子水产"菜品，如粉渣鲜虾、酒糟鱼块等，更是风韵独特、味道奇异。

此外，洞庭湖区数量众多的湖泊和面积广大的湖洲湿地盛产多种水生植物和动物，如莲藕、莲子、菱角、芡实、藜蒿、芦笋、茭白、水芹、鸡莲杆、芋头、鱼腥草、鳝鱼、螃蟹、河虾、河蚌、田螺、麻鸭、家鹅等，这些都是远近闻名的充满了水乡气息的水产烹饪原料。此系列菜肴主要有野鸭炖胡萝卜、堤蒿炒腊肉、猪排炖湖藕、豆豉辣椒炒野芹、芦笋炒肉片、蒿尖溜肉丝、地米菜煮鸡蛋、野菱米烧肉等。

在烹调风格上，湖区厨师善于制汤，著名的有：银鱼肉丸汤、鲫鱼豆腐汤、财鱼奶汤、筒子骨或排骨炖藕汤等。这些汤汤水水类菜肴同样承载着湖区人民对家乡水域的一种眷恋，体现了浓郁的水乡情结。

（2）具有兼容并蓄的情怀。

秦汉以后，无论是永嘉之乱、安史之乱，明末清初江西填湖广，还是新中国成立初期国营农场建设高潮期间，洞庭湖区一直是历次全国范围大移民的重要流入地。它承载了大量的人口，滋养了千千万万的民众，是名副其实的母亲湖。区内中心城市岳阳、益阳、常德、荆州均是内陆重要的港口码头、交通枢纽，自古商贸繁华、对外交流频繁。长期以来，五姓杂处，各种江湖菜肴在这里汇集演变，各类江湖文化在这里交融碰撞，洞庭湖区菜肴因此呈现出兼收并蓄、开放包容的特点。例如岳阳的移民大县华容县，县内饮食融汇了天下精华："湖南辣菜与湖北蒸菜、广东海鲜并雄，湘楚米饭与北方面食共荣，本土发粑子、坨糕、油糍粑和陕西拉面、福建馄饨同受青睐。北方人时兴吃烩菜，家有红白喜事时，常将猪肉、海带、青菜、粉条一锅同煮，以此宴客。华容人仿照此法，却又更胜一筹：将酥肉、猪肝、肉饺子、蛋卷、鱼糕、鱼肚和粉丝等烩成一碗，称为华容头菜，即宴席上的第一道菜。此菜芳香四溢、美味无穷，是县内每家酒楼宾馆长盛不衰的当家菜之一。"（王建华1，2017）[186]

（3）具有深厚的历史文化底蕴。

洞庭湖是著名的鱼米之乡，洞庭湖区文明是农耕文明的典型代表。司马迁《史记》、班固《汉书》均用"稻饭羹鱼""虽无千金之家，亦无饥馑之患"来描绘这里的社会经济生活，"稻饭羹鱼"也成为鱼米之乡在不同时期的代名词。

楚文化是洞庭湖区饮食文化发展的重要基础。早在2000多年前，楚人越过长江向南拓展，通过不断经营成为楚国的粮仓，号称"江南"。"江南"最早指的就是楚国的江南洞庭湖地区。富庶的洞庭湖区在饮食方面发展已经达到了一定的高度，这在《楚辞》中的《大招》与《招魂》中可以得到很好的印证。粽子和鱼圆就体现了浓厚的楚国文化底蕴。三国文化亦在洞庭湖区菜品里留下了深深的印记，如刘备与龙凤呈祥和荷包十蒸、关羽与华容团子、黄盖与龙窖酱菜、吴王与武昌鱼的故事等。

"洞庭湖区很多名菜与帝王相关，如：君山金龟肴相传与秦始皇南巡洞庭湖有关；鱼圆讲的是楚文王怕鱼刺的故事；龙凤呈祥则是世人为纪念刘备娶亲的名菜；荷包十蒸（珍）因赤壁之战后刘备就地取材犒赏三军而来；'巴陵全鱼席'因乾隆皇帝游江南时赐名赞赏而流传至今。相传与乾隆皇帝有关的名菜还有君山怪味鸭、君山长寿蒿、团湖三宝、常德风味清真菜、荆州油炸藕丸等；华容'十大芦碗'菜因弘治皇帝（明孝宗）品尝而名扬京城。"（王建华2，2017）[57]

洞庭湖区菜肴也与许多历史名将有关。"如临湘龙窖酱菜传说是因东吴大将黄盖在临湘黄盖湖操练水军时，在驻地龙窖山窖藏蔬菜以备战备荒而得名。华容团子据说最早起源于东汉时期。传说赤壁之战后，关羽于华容道义释曹操时，华容等周边地方百姓捧出他们最爱吃的菜团子，慰问关羽大军，这种用大米磨浆、中间包馅的菜团子深受官兵喜爱，从此广为流传。又如姜盐豆子芝麻茶，又名岳飞茶，传说与名将岳飞有关。传说南宋绍兴年间，岳飞带兵南下镇压杨幺起义。因士兵水土不服，岳飞想出把黄豆、姜、茶叶熬汤加上盐当茶喝的办法，效果很好。附近百姓纷纷效仿，遂成茶饮，在洞庭湖乡流行至今。"（王建华2，2017）[57]

洞庭湖区菜肴还与历史文人骚客有千丝万缕的联系。如：洞庭湖区端午吃粽子是为了纪念伟大的爱国诗人屈原。传说，当秦军攻破楚国都城之后，因无力救国而痛心不已的屈原选择了写下绝笔《怀沙》，抱石投江自尽。人们得知此事，纷纷来到江边划船打捞，却一无所获。为了不让江中的鱼虾吃掉他的身体，人们纷纷拿来米团投入江中。后来，就形成了吃粽子的习俗。剁椒鱼头的来历和清代著名文人黄宗宪有关。据说清代雍正年间，反清文人黄宗宪因"文字狱"而出逃。路上途经湖南的一个小乡村，借住在一个贫苦的农户家。农夫从池塘中捕回一条胖头鱼，农妇便用来做菜款待黄宗宪。鱼洗净后,鱼肉放盐煮汤,再用自家产的辣椒剁碎后与鱼头同蒸,不想黄宗宪吃了觉得非常鲜美,无法忘怀。事平回家后,便让家厨将这道菜加以改良,于是便有了"剁椒鱼头",并成为湘菜蒸菜的代表。

另外,洞庭湖区菜肴还与很多神话故事有关。如:"临湘'龙窖酱菜'一名的由来是当地村民为感谢神农氏恩德,将其当年所居石洞称为'龙窖',将其窖藏之法所得的蔬菜称之为'龙窖酱菜';洞庭银鱼相传是王母娘娘头上银簪掉落在洞庭湖里变化而来的;刨花鱼是祖师爷鲁班做工的刨花幻化而成的;鱼糕讲述着娥皇女英姐妹情深的动人传说等"(王建华1,2017)[57]。

(4)具有淳朴多彩的民风。

民以食为天。饮食不仅维持民众的生理生命,同时还孕育着特定的文化内涵,而在某关键时间点上的饮食行为礼俗,更传达了人们对美好理想生活的期盼。

大年三十是一年之中最重要的时刻,大家辛辛苦苦忙碌了一年,无论离家多远、无论有钱没钱都要赶回家和家人团聚,吃"团年饭"。团年饭也是一年之中最丰盛的"家宴",菜肴多达十几种。其中,必不可少的美食就是团年肘子。一整块猪肘子,意味着新年好彩头。当地人管这叫作"扯皮有劲",意思是"过去的不开心都结束了,要迎来的是又一个新年,要脱胎换骨从新开始"。湖区的团年饭总少不了一道"鱼",除了年年有余的美好祝愿,也讲究不吃鱼头和鱼尾,寓意新的一年"有头有尾"。此外,"红红火火"的红辣椒、"团团圆圆"的丸子、"平平安安"的豆腐干子,是大部分洞庭湖区团年饭桌上必备的配菜。吃团年饭的时间也有规矩,有的选早晨,有的选在中午或傍晚。比如在湘西北、常德部分地区,清晨五六点还没天亮时就开始吃"团年饭"了,一家人热热闹闹吃到天色亮起,寓意着"越吃越亮"。也有人早晨在自己家中团年,中午、晚上则去亲人家中继续团年,从早吃到晚。吃完年饭,从正月初一直至正月十六,人们便开始走亲访友，相互拜年，既可联络感情、扩大交往，又可互通有无、交流思想。

洞庭湖区婚嫁的饮食习俗充分展示了人们喜欢热闹、期盼和谐的生活愿景。接亲或出嫁当天，男女双方都会大摆酒席。婚礼上，新人要给双方父母敬"改口茶"，表示从此是一家人了；闹洞房时，新人还要给来宾敬"糖茶"或"新人茶"，预示着将来甜蜜的生活。其实，"新人茶"只是用芝麻、豆子、茶叶、姜片，加红糖泡制的开水茶。但喝这种茶是很有讲究的。客人事先找一个凳子坐好，等待新郎新娘送茶来。新郎新娘用红漆茶盘托茶杯，然后由新娘端上送到客人手上。一来表示新郎全家人的以礼待人，二来表明新娘懂得如何待客做人。

生育时的饮食文化充分展示了人们安康、幸福的生活愿景。洞庭湖区流传着"酸儿辣女"的说法，人们总是按照各自的希望设法多做一些酸或辣的食物给媳妇吃。"孩子周岁时要举行抓周仪式、摆周岁酒，外婆家专程前来为外孙送上新衣帽、新鞋袜，家境好的要送礼金，为外孙打造银手镯、银脚圈和挂上银质长命锁的银项圈，祈求外孙健康活泼；同时，男方亲朋好友和左右邻居也携礼祝贺。"（王建华1，2017）[57]

2. 洞庭湖区特色饮食

（1）巴陵全鱼席。

岳阳古称巴陵，历来有"洞庭天下水，岳阳天下楼"的盛誉。岳阳不仅有驰名天下的岳阳楼，八百里洞庭水产之丰富早已闻名中外。早在两千多年前，《吕氏春秋·本位篇》中就这样描述洞庭湖的美食佳肴："食之美者，云梦之芹，鱼之美者，洞庭之名鳟。"在众多岳阳美味菜肴中，巴陵全鱼席是尝尽洞庭之鱼的最佳选择。

巴陵全鱼席由洞庭湖产的银鱼、鳜鱼、鳊鱼、草鱼、鲫鱼、水鱼等12~20种鱼为主料，配以湖区优质特色蔬菜和珍贵茶叶，如藜蒿、藕、荷叶、芦笋、君山银针等，加工刀法有片、丁、丝、条、块等十三种，烹调方法有煎、炒、爆、熘、炸、蒸、煨、烤、冻、拔丝等二十余种；佐以葱、姜、蒜、辣椒、胡椒、酱油等二十余种调味，口味有酸、甜、鱼香、糟香、麻香、怪味等多种，在色彩方面注意红、绿、蓝、白、青和谐统一，菜品达两千多个。每桌全鱼席一般由一花拼、八围碟、四热炒、八大菜、一座汤、四点心、四随菜等三十个菜点组成，一菜一格，多菜多法，加工精细，讲究滋味，注重营养，使人食鱼不见鱼，知其味不见其形，一鱼一形，一形一味，可谓"八百里洞庭特产聚一桌，三千年湘楚风味在其中"。

据传，清朝乾隆皇帝游江南时，路过巴陵，品尝了民间厨师以鱼为原料烹饪的全鱼宴席，赞不绝口，赐名"巴陵全鱼席"，流传至今。因此有"未尝巴陵全鱼席，不算真正到岳阳；登上君山不食鱼，人生少得三分意"的说法。

（2）君山银针茶。

君山银针茶历史悠久。据说君山茶的第一颗种子还是四千多年前娥皇、女英播下的。《湖南省志》载：君山茶盛产于唐，始贡于五代。此后历代都专门作贡茶，年年向皇帝进贡。相传，后唐的第二个皇帝明宗李嗣源，第一回上朝的时候，侍臣为他捧杯沏茶，开水向杯里一倒，马上看到一团白雾腾空而起，慢慢地出现了一只白鹤。这只白鹤对明宗点了三下头，便朝蓝天翩翩飞去了。再往杯子里看，杯中的茶叶都齐崭崭地悬空竖了起来，就像一群破土而出的春笋。过了一会，又慢慢下沉，就像雪花坠落一般。明宗感到很奇怪，就问侍臣是什么原因。侍臣回答说："这是君山的白鹤泉（即柳毅井）水，泡黄翎毛（即银针茶）的缘故。白鹤点头飞入青天，是表示万岁洪福齐天；翎毛竖起，是表示对万岁的敬仰；黄翎缓坠，是表示对万岁的诚服。"明宗听了，心里十分高兴，立即下旨把君山银针定为贡茶。《潇湘聆雨录》记载："洞庭君山之毛尖，当推湖茶第一。"旧《湖南省志》云："君山茶色味似龙井，叶微宽而绿过之。"1954年，君山茶参加国际莱比锡博览会，以"芽身黄似金，芽尖白如玉"荣获金质奖，被誉为"金镶玉"。1957年，君山银针被评为中国十大名茶之一。1972年中国政府在联合国总部招待各国使节的首选茶叶就是君山银针。由于产量稀少,君山银针目前很少出口。

君山银针属黄茶类,内含物丰富,经检测茶多酚含量 28.04%,氨基酸 13.66%,水浸出物 36.83%,咖啡碱 5.09%,儿茶素 135.15 mg/g。君山银针香气清纯,滋味爽甜,具有极高的保健价值。但是品尝君山茶最大的享受不是口福而是眼福,是欣赏君山茶冲泡时呈现的在怀中的奇观。用开水冲泡时,芽尖朝天,直挺竖立,悬浮杯中,每一茶叶含一小珠,宛如舌含珠,又如万笔书天,继而缓缓下沉杯底,三起三落,堪称茶中奇观。

(3)擂茶。

作为非物质文化遗产,擂茶在中国具有悠久的历史传统。"擂茶"一词中的"擂",是"研磨"的意思。擂茶就是把茶叶、芝麻、花生等原料放进擂钵里研磨后,冲着开水喝的一种养生茶饮。在安化、宁乡、桃江、桃源、常德等地,一般用专制的陶器擂钵来制擂茶。

制作擂茶时,擂者坐下,双腿夹住一个陶制的擂钵,抓一把绿茶放入钵内,握一根半米长的擂棍,频频舂捣、旋转。擂者一边擂,一边不断地给擂钵内添些芝麻、花生仁、草药(香草、黄花、香树叶、牵藤草等)。待钵中的东西捣成碎泥,茶便擂好了。然后,用一把捞瓢筛滤擂过的茶,投入铜壶,加水煮沸,一时满堂飘香。

擂茶又名"三生汤",有解毒的功效,既可食用,又可药用。相传两千多年前,马援率兵南征,屯驻司马错城(今常德市鼎城区长茅岭乡),军营闹瘟疫,有人献验方,验方上写着"芝麻、绿豆、生姜、茶叶、炒米,放入擂钵,用梓姜木捣成糊状,开水冲泡"。服后兵士疫病痊愈,自此传入民间。

在桃江一带是加糖冲泡,吃糖擂茶。常德等地喝芝麻擂茶,茶汤稀薄,喝时还得撒上炒芝麻、炒花生或炒豆子,边喝边嚼,香脆满口。喝茶还需辅以茶点,多为土产自制的花生、南瓜子、炒薯片、玉米及盐姜等,品种多达二十多种。用黄瓜、萝卜、荞头等预先放入菜坛做好的酸碟也是下茶的佳品。夏天喝擂茶可解暑,冬天喝擂茶加生姜可去寒,又可充饥。

(4)湘莲。

五代诗人谭用之游湘江后赋诗"秋风万里芙蓉国,暮雨千家薜荔村",被广为传诵。毛泽东两次引用此诗,更使"芙蓉国"之名人尽皆知。因而湖南有"芙蓉国"之雅称。芙蓉有木芙蓉和水芙蓉之分。水芙蓉即莲花。洞庭湖区水域辽阔,土质肥沃,气候温和,适合湘莲生长。

北宋著名哲学家周敦颐在《爱莲说》一文中,把莲花称为君子,赞美它"出淤泥而不染、濯清涟而不妖"。莲花的果实就是深受人们喜爱的食品——莲子。莲子分为白莲和红莲。白莲颗粒较大,形状椭圆,肉色洁白,细嫩柔软,是莲子中的上品;红莲颗粒较小,形状尖长,肉色土红,粗糙坚硬。当地人喜欢在秋冬季节用来炖肉的湖藕,就是红莲的根部。岳阳县、华容县、汨罗市、湘阴县等地是重要产区,在国内享有盛誉。

据《中药大字典》记载:莲子含有高量的淀粉种棉子糖,碳水化合物占62%,蛋白质占17%,脂肪占2%,还含有钙、磷、铁、维生素和胡萝卜素等多种养分,有养心、补脾、益肾、润肠等功效,具有药用价值。《本草纲目》则称莲子具有交心肾、厚肠胃、固精气、强筋骨、补虚损、利耳目等作用。将莲子与冰糖并烹而成的冰糖莲子,是湖南筵席上的佳羹。据记载,清朝的光绪皇帝十分喜欢冰糖莲子,在夜间议政时,常用它来提神。

湘莲也是很好的中药材,根叶花实都可入药。莲子有降血压、健脾胃、安神固精、清心润肺的功效。莲子能强心镇静、清热平火、除烦利尿。莲藕具有滋阴、生肌、清热、生津、散淤血的效用。莲须可补肾固精、安神养心。莲花与荷叶是良好的清凉饮料,可以清暑解渴,治胸闷腹泻。莲梗宽胸利气,发奶通乳。荷蒂能和胃、安胎、止血、止泻。

(5)常德米粉。

清澈的沅澧两水、香甜的洞庭湖大米,孕育出源远流长的常德米粉。早在东汉时期,常德就有了食米粉的传统,圆而细长的米粉,形如龙须,每天早上来一碗，寓意日子如米粉般细水长流。

常德米粉俗称圆粉或米面。相传历史上常德老百姓逃荒时为了不饿肚子，模拟中原的面条将大米制成扁平粉条，供逃荒时食用，形似当今的"米面"，它就是常德米粉的雏形。《常德地区商业志》、清朝同治《武陵县志》上都有记载，1874年，云南临安回民马如龙奉旨调湖南提督驻守常德，他与众士卒落籍常德的同时引进云南过桥米线制作技艺，常德米粉从此越做越圆细，逐渐被常德民众接受。自民国初年开始，常德人逐渐形成了吃牛肉米粉的习惯。

2016年，"常德米粉制作技艺"被纳入省级非物质文化遗产代表性项目名录。传统常德米粉的制作技艺分鲜湿米粉制作和浇头制作两方面，其工艺复杂，耗时长达2至3天。其中手工制作鲜湿米粉有10道工序：选米、磨浆、浸泡、滤水、蒸熟、冲捣、挤压、捞出、排放。这样制作出来的米粉不粗不细，柔软筋道，爽口滑润。常德米粉好吃，还有一个重要的因素，就是注重浇头的选材和制作。"常德米粉的浇头分汉族和回族两大系列。汉族系列的浇头主料为猪肉，有肉丝、肉片、红烧、红油、三鲜、炸酱、菌油、酸辣、卤汁、酱汁、蹄花、排骨、鸡丁、鳝鱼等十多种。回族系列的主料为牛肉，有牛肉丝、牛杂、羊肉片、卤蛋、羊肚片、鸡丝、鸭条、卤汁、三鲜、炖牛肉、牛排、牛筋、红烧牛肉等十多种，其中尤以红烧牛肉浇头最为有名。选用上等牛肉切成小方块放在钵中，同时放入花椒、桂皮等十多种香料配制的香料包，用小火烧煮，这样烧出来的牛肉浇头，既保持了牛肉的原汁原味，又增添了各种香味，使常德米粉吃起来香气四溢，回味悠长。"（胡秋菊，2016）

4.2.3 岁节民俗

在岁节上，洞庭湖区受楚文化的影响较深。春节玩龙舞狮、划彩莲船、唱花灯，端午节赛龙船、吃粽子、喝雄黄酒，中秋之夜登楼赏月，巴陵戏、花鼓戏、皮影戏、傩戏（民间俗称鬼老壳戏）等地方戏轮番上演，渔歌子、抬阁故事会、九龙舞、常德丝弦、渔鼓、三棒鼓、地花鼓、车儿灯、澧州大鼓等乡土气息浓郁的民间游艺活动深受当地人的喜爱。

1. 端午赛龙舟

农历五月初五端午节是我国传统的节日，又称端阳节。端阳这天，为了驱疫消灾，洞庭湖区人们有供帖子（即献诗，粘贴在门壁上，大都是五七言绝句）、扎艾人、挂蒿薄剑、喝雄黄酒、吃粽子、洗端阳澡、戴香囊等习俗，尤以龙舟竞渡最有特色。

赛龙舟，俗称"划龙船"，起源于原始社会，意在祈求平安。汨罗地处洞庭湖畔，河港交错，古时以舟为主要交通工具。在行舟过程中，常遇狂风巨浪，导致舟覆人亡，人们认为这是龙在作祟，而端午前后正是江湖涨水季节，于是在端午节要祭龙以求行舟平安。

战国时期，伟大爱国诗人屈原纵身跃进汨罗江，以身殉国，当地民众划船打捞。为怀念屈原忠君爱国、情系故土、为民求索的精神，此后每年端午前后，汨罗江沿岸的居民都会自发地组织龙舟竞渡纪念屈原，当地赛龙舟的习俗一直延续至今。龙舟竞渡争先恐后，场面激烈，古人曾写诗描绘："竞渡岸旁人挂锦，采芳城上女遗簪"。汨罗江畔端午节一般从农历五月初一开始到五月十五止。汨罗江边的楚塘、河市、归义、红花、新市、长乐等一带的端午习俗，除办盛宴、吃粽子、插艾挂蒿、喝雄黄酒、赛龙舟外，雕龙头、偷神木、唱赞词、龙舟下水、龙头上红、朝庙、祭屈等都有神秘的仪式和独特的文化内涵，并留下了"宁荒一年田，不输五月船"等端午民俗。2006年，端午节进入第一批国家级非物质文化遗产保护名录；2009年，端午节被联合国教科文组织列入人类非物质文化遗产代表作名录。

2. 长乐故事会

长乐故事会集中流传于千年古镇汨罗长乐镇一带，起于隋唐，盛于明清，20世纪80年代达到顶峰。由此以来，千百年间每逢太平年景，从正月初一至元宵节长乐人自发分成上市街和下市街两个团体，举行故事会竞赛，内容为历代忠孝节义和民间传说的故事，表现爱憎与忠奸，渗透幽默与讽刺，显示技巧与新奇，传递友谊与祝福，祈求吉祥与和平，一年一年演绎，一代一代传承，技艺越传越精，故事越传越多，影响越传越远。

故事会形式分为三大类：第一类是地台（矮故事）。用木料制成约 1.5 米宽、2 米长、1 米高的平台，由 4 人肩担。平台周围饰以彩色布绸，上面根据所表现的内容布景。例如《桃园结义》，即布成桃园景象，人物即着戏装、勾脸谱，扮成刘备、关羽、张飞立于案前作盟誓状。第二类是高彩（高故事）。用木材制成长、宽、高均为 7 米的基台，由 4 人肩担。用长约 2 米的铜材，根据表现内容，弯曲成形，下端固定在基台中央。如《三打白骨精》，即白骨精着戏装居下，双手持双股剑向上交叉，悟空手持金箍棒，棒击双股剑交叉处。悟空悬空执棒，头下脚上，利用服装、剑棒等道具，巧妙地将中心支撑住，神态惟妙惟肖。第三类是高跷（高脚）。高跷用两根长木制成，高度从 1 米至 4 米不等，表演者用布条捆住双脚，徒手自立行走。技艺高超者可以做跳、弯腰等惊险动作。

故事会以这三种形式为主体，再辅以会旗、乐队，并配以玩龙、舞狮、地花鼓、彩莲船等，衬托出整体气氛。

长乐故事会不是普通的说故事，是一项集惊、奇、险、巧于一体的传统民间杂技，是将表演、彩绘、历史、天文、地理、文学、民情、时代精神等融为一体的独特的、古老而又神秘的民间行为艺术，是哑剧由戏剧舞台走向露天活动舞台的发展，是人性化最直观的表现，是民间文化艺术中的一朵奇葩。

4.2.4 民间音乐戏曲

勤劳质朴的洞庭湖区民众在插秧、收割或捕鱼时，喜欢用歌声表达自身对生活的热爱与憧憬；在农闲或节庆之时，喜欢用诙谐幽默的戏曲、杂耍等娱乐自己，庆祝丰收，并感恩天地赠予的一切。洞庭湖生态经济区比较著名、流传较广的民间音乐有洞庭渔歌、地花鼓、澧水船工号子，民间戏曲有常德丝弦、巴陵戏、花鼓戏等。

1. 洞庭渔歌

洞庭渔歌是洞庭湖区独有的民歌音乐形式，主要流传于岳阳和沅江，其曲调源于洞庭湖渔民中广泛流传的地方小调，唱词亦有即兴发挥，时常多条渔船聚汇，相互对歌，传递劳动者喜悦和爱的心声。渔歌互答，此乐何极？这一美好场景被范仲淹写进了《岳阳楼记》，从此洞庭渔歌流传更为广泛。

洞庭渔歌和其他民歌一样，也是在洞庭湖渔民长期的社会实践中产生和发展起来的。渔歌往往是渔民见景生情，即兴抒怀，随口编唱。常用比兴手法，艺术形象比较集中、单一，表现的内容比较直接朴实，但也有多段体的分节歌式的叙事诗。有情歌，大部分反映渔民对幸福生活的追求，刻画了渔民真挚朴素的爱情和高尚纯洁的情操；有劳动歌，是渔民在行船时为了消除疲劳、调节情绪而演唱的歌曲；有儿歌，歌词诙谐有趣，富有知识性和娱乐性。其曲调主要源于洞庭渔民中广泛流传的地方小调，具有浓厚的地方特色。如《手撒渔网口唱歌》《洞庭四季如春》《洞庭湖上搭歌台》《洞庭姑娘美》等，形象地表现了渔民欢快的劳动生活情景。2014年洞庭渔歌被列为国家级非物质文化遗产保护项目。

2. 地花鼓

华容、湘阴、汨罗、岳阳、南县、益阳、沅江一带，地花鼓演唱十分活跃，地花鼓从民间山歌、小调和劳动号子的基础上发展演变而来。地花鼓以其朴实粗犷的动作、明快高亢的音乐、活泼自如的表演、浓郁的生活气息、独特的艺术风格深深扎根于民众之中。这些地方的地花鼓有"对子地花鼓""竹马地花鼓""围龙地花鼓""哭丧地花鼓"等多种表演形式。

"对子地花鼓"于清同治年间开始在益阳流行，多于春节或重大喜庆节日演出，分一旦一丑单花鼓、二旦一丑双花鼓和多旦一丑或多旦多丑群花鼓几种。当地人称丑为"小花脸"或"三花脸",头戴无边草帽,系白裙,执青折扇,演出时多走矮子步。旦着彩衣裙,戴凤冠,演出时一手舞巾,一手舞扇,多走摇步、膛步、云步和闪步,有"旦角风摆柳,丑角巴地梭"的说法。最具特色的舞蹈组合动作为"车窝子",分为单双窝子、滚筒窝子、阴阳窝子等数种。按音乐分,又有弦子花鼓和唢呐花鼓两种。伴奏乐器以锣鼓、唢呐和大筒为主,唱词多为七字句。主要曲目有《望部》《对花》《十绣》《送子》《挨角》《比古》《月照山》等。地花鼓表演时,四周围以龙舞者叫围龙花鼓。1980年,益阳市通过广泛征集和整理,编成《益阳地花鼓》专辑,收有《十杯酒》《拖地板》《红灯歌》等26个曲目。安化县创作的《老伴瞧山》《偏偏爱你作田哥》等,深受群众欢迎。

洞庭湖区地花鼓唱词因为地域环境的浸染,蕴含丰富的水文化、渔文化、农耕文化等。水文化在洞庭湖区地花鼓唱词中随处可见,并成为主要创作元素。如"洞庭湖水水连天,波涛滚滚望无边""姐姐门前一口塘,水当镜子巧梳妆""湖上飞来报春鸟,叽叽喳喳报春来""众人齐心划大船,一页帆篷扯上天"等,就在许多地花鼓唱词中出现。洞庭湖的博大、润泽、宽怀、柔美、慈爱等特性,已经成为湖区人民的精神写照。开口不离水、不离船、不离与水有关的事物,是洞庭湖区地花鼓唱词的最大特点。

渔业生产是洞庭湖人民生活的重要组成部分。因此,这里的地花鼓唱词理所当然打上渔文化的符号。在年节时段的地花鼓中,人们总是要送上"年年有余(鱼)""鲤鱼跳龙门""人人讲清(青鱼)康(鲢鱼)"的祝贺,也有直接演唱渔业生产劳动的,如"湖中打鱼站船头,手网撒得圆溜溜""千条渔船闹开湖,吆喝喧天把网铺""一盏渔灯照湖湾,哥哥下钓顺风船""打条大船下洞庭,帆页子鼓起西南风。一个吆喝到长江,眼睛一眨到南京"等。平时演出中,人们特别喜欢蚌壳舞,这也是洞庭湖区地花鼓中的一个传统节目,已经形成了比较固定的表演模式。它由渔夫(小生)、蚌壳精(旦角)、乌鱼精(小丑)三人组成,讲述乌鱼精调戏蚌壳精、渔夫驱逐乌鱼精,以及他和蚌壳精相爱的故事。

在农耕文化表现方面,洞庭湖地区地花鼓唱词能够直接反映农业生产劳动的形式、过程、场面,以及丰收景象。作品有关于犁田、插秧、中耕、割禾、收获的,还有植棉、种菜、剥麻、采莲、采菱、砍苇等方面的内容。各地的地花鼓喜欢将种植水稻的劳动过程用十分形象的动作进行系列化的表演,再配上生动的唱词加强演出气势。如"赶起牯牛来犁田,我在后来牛在先""一字排开来插秧,蜻蜓点水一行行""大男细女来制乐,丰收时节打山歌"等,使劳动场面活灵活现。关于湘莲方面的唱词最多,有莲湖、莲花、采莲、采莲女等。这方面的唱词大多为歌唱爱情的,如"姐在湖中摘湘莲,郎在湖边忙犁田,顺手莲蓬丢两个,郎哥捧起藏胸前,留得枕边吃三年"等,民间青年男女的爱情通过唱词反映出来,生活气息浓厚,妙趣横生。

3. 常德丝弦

常德丝弦是流行于湖南常德沅江、澧水一带的地方曲种。明末清初,江浙一带的民歌和时调小曲传入常德后,与当地民间音乐相结合而不断演变、发展,因演唱时用扬琴、琵琶、三弦、胡琴等丝弦乐器伴奏而称为"丝弦",还因用常德方言演唱,故称"常德丝弦"。

常德丝弦以唱为主,以说为辅,说唱穿插,既演唱抒情小段,又演唱有人物、有情节的大段子。它的唱词典雅、曲调优美、曲目丰富、结构完整、腔系多样,旋律朗朗上口,是群众性创编、演唱活动中常用的一种曲艺音乐形式。

常德丝弦有100多个传统曲目,大部分取材于历史故事和民间传说。其中优秀传统曲目《宝玉哭灵》《鲁智深醉打山门》《双下山》《王婆骂鸡》《昭君出塞》等历来为广大群众所喜爱。新中国成立后,涌现出《新事多》《夸货郎》《风雪探亲人》等一批反映现实生活的新曲目,在全国广为传唱。20世纪80年代以来,常德丝弦走向复兴。《瓜中情》《待挂的金匾》

《俏婆婆上大学》等曲目获国家级"群星奖"金奖，还有《芷兰雅韵》等曲目赴马来西亚演出，深受海外友人的喜爱。常德丝弦在国内外产生了广泛的社会影响，有很高的文化艺术价值和社会实用价值。常德丝弦独具地方特色和乡土气息，其音乐风格和唱腔及表演形式自成一格。2006年，"常德丝弦"被列入第一批国家级非物质文化遗产名录。

4. 巴陵戏

巴陵戏，原称"巴湘戏"，因艺人多出自巴陵（岳阳）、湘阴和临湘而得名，又因它形成和主要活动地区是旧岳阳府，民间称为"岳州班"，其形成于明末清初，系全国独特的地方大戏剧种。1953年定为巴陵戏，流行于湘北诸县及与鄂、赣毗邻的部分地区。

巴陵戏的声腔以弹腔为主，兼唱昆腔、杂腔、小调，以中州韵湖广音结合湘北方言为其舞台语言。它表演风格既粗犷朴实，又细腻生动，长于人物性格的刻画，尤以武戏著称于湘北。在漫长的艺术发展道路中，巴陵戏不断吸收、创新，形成了独特的声腔体系和表演风格，涌现了许多脍炙人口的艺术作品。传统剧目有420多个，以半本戏（有完整故事，演出2~4个小时）居多，基本上是弹腔和小调剧目。新中国成立后，不仅整理、改编了一批优秀剧目，而且表演艺术更趋丰富，《打严嵩》《九子鞭》《夜梦冠戴》《打差算粮》《胡马啸》《弃花翎》等都是代表剧种独特风格的剧目。2006年巴陵戏被列入第一批国家级非物质文化遗产名录。

4.2.5 传统手工艺

勤劳质朴的洞庭湖区人民，在长期的生息发展中，不仅创造了种类繁多、特色明显、经济与生态价值高度统一的洞庭湖区域农业生态系统，也推动了手工业的发展。烧窑、制茶、榨油、纺纱织布、舂谷春米、打铁砌屋等一系列手工业生产过程，无不体现出各自的行业特点和习俗。

1. 长沙铜官窑陶瓷炼制技艺

古镇铜官窑于湖南省长沙市望城区湘江东岸，是全国五大陶都之一。

铜官陶瓷产业历史悠久，文化内涵丰富，陶瓷技艺独具特色。在殷商之前，舜帝就带领先民在湘江一带开始了制陶之业。至唐代铜官陶瓷发展迅速，陶瓷技艺逐渐成熟。长沙铜官窑是我国第一座彩瓷窑，是世界陶瓷釉下多彩的发祥地，首创陶瓷釉下多彩新工艺。铜官窑陶瓷技艺反映了先民们的创新精神，其制作堪称绝技。主要有拉坯成型、捏坯成型、雕塑成型、贴花、画花、制釉、制泥、烧成等多项技艺。

作为我国著名的民间工艺之一，铜官窑陶瓷技艺有着深厚的群众基础，沿湘江两岸，十里陶城绵延不绝，焰火不止，传承至今。长沙铜官窑秉承大唐自由开放、兼收并蓄的文化特质，依托深厚的湖湘文化底蕴，积极拥抱异域文明，瓷器造型和装饰图案上大量吸纳域外文化元素，成为中西文明交流的重要物质载体。2011年，长沙铜官窑陶瓷烧制技艺被列为我国非物质文化遗产。

2. 岳州青瓷

岳州青瓷久有盛名，历史悠久。据史料记载和出土文物考证，岳阳青瓷源于商周，盛产于唐，具有造型古朴大方、晶莹润泽、清淡雅致等特点。古岳州窑窑址，在今湘阴县铁角咀窑头山，是唐朝六大青瓷名窑之一。

岳州窑主要由立式圆形窑和斜坡式龙形窑构成。制器有建筑装饰器、生活用器、文房用器及观赏器等；品种有碗、壶、盘、碟、钵、多系罐、杯、灯、虎子、莲花尊、梅瓶、鸡首壶等；釉色有米黄、豆青、虾青、白釉、褐色釉、酱釉、浅绿、青釉等；装饰工艺有莲纹和几何刻花、印花、画花、釉下点彩及雕塑等。

岳州窑在中国陶瓷史上创下了七个"之最"，即：最早的青瓷、最早的白瓷、最早的官窑、最早的釉下点彩、最早使用匣钵腹烧、最早在瓷器上开始压纹技术、最早有准确年代（公元143年）记载的窑址。

岳州窑日常生活制品美妙绝伦，其从湖湘走向全国，乃至世界，则源于唐代一项十分兴盛的社会活动——斗茶。唐代茶圣陆羽曾在《茶经》中写道："岳州瓷皆青，青则益茶。"陆羽细举了不同材质的瓷碗对泡茶与品茶的影响，尤对岳州窑茶具对茶的独特影响，做了较为详尽的介绍。

新制的岳州青瓷，采用优质高岭土，经现代机械制作，通过 1360 度高温烧制而成。它继承了古代青瓷的优点，并发展了豆青色釉。产品釉色葱翠，光泽柔和，饰以浮雕花纹，更显得浓淡清晰，层次分明，给人以古朴高雅、气质非凡之感。它不需彩绘贴花、镶金画银，具有独特的民族风格。

3. 益阳小郁竹艺

益阳市地处湖南省中北部，属中亚热带季风性湿润气候，境内土质肥沃、气候宜人，竹类资源十分丰富，其蓄积量达 15 亿株，有"楠竹之乡"美称。

小郁竹艺是一种采用直径 5 厘米以下的刚（麻）竹为骨架、毛竹为部件加工成各种器用具的一种民间传统手工制作工艺，主要由选料、下料、烧油、郁制等三十多道工序组成。

益阳人很早就利用本地丰富的竹子以小郁竹艺制作各种用具，从益阳南县涂家台出土的新石器大溪文化遗址中的文物可证明益阳小郁竹艺的历史已有六千余年，明初即成行业，清道光十二年（1832 年）开始出口英、法等国，近百年在国际、国内的各种展览会上获金、银奖八十余次。

小郁竹艺产品结构方正、美观大方，符合人们的审美情趣，这些优点广泛地被木制、铁制家具及装修行业借鉴。产品经久耐用，越用越红，越用越光滑，所以竹乡人民广泛地利用竹子来制作各种用器具，几乎涵盖了生产生活的方方面面。竹郁制品除了实用价值外，精神价值也很高，它能激发人们的创造潜能，同时，竹子以其"虚心有节、刚直不阿、品味高雅"等优秀品质影响着整个中华民族，形成了一种独特的竹文化，它为增加中华民族文化多样性和形成中华民族高尚的人文精神做出了重要贡献，在经济高速发展的今天，竹文化的价值将更加彰显、更显珍贵，必将对后人产生更加重要的影响。

4. 岳州扇

据岳阳县志记载，"岳州扇"始于明末清初，从湖北洪湖传入，距今已有数百年的历史。在长期的产销过程中，岳州扇以其独特的艺术风格，与苏州扇、杭州扇同享盛誉，成为工艺扇中的三姊妹。

岳州扇品种繁多，工艺精湛，美观耐用，品种多达200多个，主要分为纸扇、羽毛扇、绢扇、骨扇、宫扇、帽扇、轻便扇、套扇、戏剧舞蹈扇和香木扇等十几大类。

岳州羽毛扇是以洞庭湖一带的天鹅、野雁、鹰、鹳鹤等名贵鸟类的羽毛制成的。羽毛经过清理、梳洗和分类，然后按其形状、毛色和质地，用银丝巧织成千姿百态、五颜六色的羽毛扇。扇骨上雕有精致的图案，扇面铺满红绿绒毛，再喷上香料，折叠如一束鲜花，打开则给人以"无风起舞，无花飘香"的感觉。还有以马鹰毛制作的掌扇，羽轴坚而柔，羽丝细而韧，玉质的扇柄，再系上玲珑的玉坠，显得庄重雅致，古香古色，生风柔和，凉不伤体，尤为老年、产妇和儿童们消暑所欢迎。

岳阳纸扇也是珍贵的艺术品。扇骨以竹制成，光亮轻巧，镂刻精美。有五把、八把、十五把组成的套扇。扇面设计想象丰富、取材广泛、构思新颖，有山水风景、名胜古迹，有花鸟虫鱼、名言警句，有历史人物、神话传说，等等。那烟波浩渺的洞庭湖、秀丽的君山、富丽堂皇的岳阳楼、巍然屹立的慈氏塔，无不展现在扇面之上，万紫千红，五彩缤纷，美不胜收。

岳阳楼为闻名全国的三大名楼之首，加之范公的《岳阳楼记》名垂宙内，赋予了岳州扇丰富的文化内涵。岳州扇是一种优秀的民间传统手工艺产品，是全国扇子行业中的杰出代表。它的制作工艺、表现形式等都承载着大量岳阳历史、文化价值，是研究岳阳文化和传统工艺的宝贵财富，是研究中国扇业文化、传统手工形成与发展的宝贵资料。

4.2.6 民间传说故事

作为湖南的母亲湖，八百里洞庭既是湖湘文化的源头，也是中国优秀传统文化重要发祥地之一。湘楚文化和荆楚文化在这里相拥，巴蜀文化、吴越文化在这里相汇。洞庭湖的民间故事与传说，是洞庭湖民俗文化存在与发展的核心所在，在中国的民间故事与传说中占有极其重要的历史与文化地位。

据不完全统计，流传在洞庭湖周边地区的较有影响和代表性的民间故事与传说有三百多个。所涉及的题材包括历史、自然、人文、人物、爱情、神话、宗教、特产等诸多方面。其中不少故事与传说，如《刘海砍樵》《后羿斩巴蛇》《柳毅传书》《湘妃竹传说》《吕洞宾三醉岳阳楼》等，都可以与《白蛇传》《追鱼记》《孟姜女》《牛郎织女》《梁山伯与祝英台》等媲美，都属于中国民间故事与传说中的瑰宝。

1. 刘海砍樵传说

相传古时候，常德城武陵区丝瓜井旁，住着刘海母子俩。刘母因思念亡夫，哭瞎了眼睛。刘海非常勤劳孝顺，天天上山砍柴，奉养老母。在刘海砍柴的大高山、小高山一带，住着一只多年修炼的狐狸精，她炼成宝珠一颗，含在口中可化身人形。此时她已成半仙，若再修炼几百年，便可成仙上天。她非常敬佩刘海的为人，就起了思凡之心，取名胡秀英，执意要嫁给刘海。但是憨厚朴实的刘海怕连累胡秀英受苦，几番推辞，后见胡秀英一片真心，才答应与胡秀英成亲。回到家后，刘海告诉母亲，母亲也很欢喜，同意了他们的婚事。刘海于是去位于城中心的鸡鹅巷置办东西结婚。鸡鹅巷旁边有个小庙，庙里有十八个罗汉。其中十罗汉带着一群弟子（金蟾）也在暗中修炼。他炼得一串金钱，也已成半仙，如能得到胡秀英的宝珠，就能即刻成仙升天。十罗汉见胡秀英和刘海成婚，遂起了歹心，他带领弟子抢走了胡秀英的宝珠。胡秀英失去宝珠就会现出原形，无奈之下只好把实情告诉了刘海。刘海知道后，没有怪胡秀英，他拿起家中砍柴的石斧去斗十罗汉，最终在斧头神和胡秀英众姐妹的帮助下，打败了十罗汉，拿到了宝珠，从此和妻子过着男耕女织的幸福生活。

常德刘海砍樵的传说在北宋时已经成型，至清代中叶已形成了今天流传的刘海砍樵传说的主要版本。今天在常德还能找到传说中的丝瓜井，但是现井口石板风化剥落，井壁石砖残缺破损，井口四周杂草丛生。传说中刘海大战十罗汉的"刘海庙"也早已损毁。

刘海砍樵传说中主人公樵夫刘海和狐仙胡秀英身上勤劳、善良、朴实、孝顺的美德和不惧邪恶、勇于斗争的精神，不仅是常德本土德文化的重要组成部分，也是湖湘文化的重要组成部分。刘海砍樵传说已经流传了近千年，经过民众的集体性再创作，已日趋完美，充满了鲜活的生命力，具备很高的文学艺术价值和历史文化价值。

19世纪末，刘海砍樵传说经民间艺人改编成花鼓戏《刘海砍樵》《刘海戏金蟾》，先后在洞庭湖区乃至全省各地广为流传。1978年，花鼓戏《刘海砍樵》由北京电影制片厂摄制成彩色戏曲艺术片；1984年与1986年，中央电视台春节晚会上前后两次演唱《刘海砍樵》片段，使《刘海砍樵》在全国产生广泛影响。1983年，湖南省花鼓戏剧院应邀赴美国演出《刘海戏金蟾》，刘海砍樵传说流传到了海外。

刘海砍樵传说中的人物形象丰满、个性鲜明，主题思想积极，有感人的细节描写，有人物的内心刻画，有完整的结构，堪称湖南民间口头文学珍品，代表了湖南民间口头文学的最高水平。2006年，刘海砍樵传说被确定为湖南省第一批非物质文化遗产名录项目。

2. 柳毅传书传说

柳毅传书的传说是中国历史上流传最久的民间传说之一。与梁祝、天仙配、白蛇传并称为中国民间四大神话传奇故事。

柳毅井，位于洞庭湖君山龙舌根部。据清光绪《巴陵县志》记载，相传为柳毅传书处。唐代李朝威写的《柳毅传》记载：仪凤年间，落第书生柳毅路过陕西泾河，遇见洞庭龙女牧羊荒郊。龙女自述在泾河夫家备受虐待，要求柳毅传书解救，柳毅慨然允诺。龙女得救后思慕柳毅，后经许多曲折，二人终于结为美满夫妇。柳毅传书故事展现出奇异浪漫的色彩和清新俊逸的风神。情节离奇曲折，富有戏剧性，自唐代以来在民间广为流传。对此，清末左宗棠写了"海国旧传书，是英雄自怜儿女；湖山今入画，有忠信可涉风波"的联语，高度赞扬了柳毅传书的精神。

柳毅与龙女浪漫动人的爱情故事充满了人间社会的清新气息，突出表现了以义为重、以情至深的中华民族传统美德。该故事被创作为大型神话越剧《柳毅传书》，搬上舞台，还被拍成戏曲电影，红遍大江南北。2004年国家邮政局为了展现中华民族悠久的民间文学风貌，发行了特种邮票《民间传说——柳毅传书》。

3. 湘妃竹传说

据晋张华《博物志》记载："尧之女，舜之二妃，曰：'湘夫人'。帝崩，二妃啼，以涕挥竹，竹尽斑。"《述异记》云："舜南巡，葬于苍梧，尧二女娥皇、女英泪下沾竹，久悉为之斑，亦名湘妃竹。"

传说尧将帝位传给舜，并将自己的两个女儿娥皇和女英许配给舜为妻。娥皇、女英为了不让舜分心，把家中大小事情处理得妥妥当当。舜帝作为伟大的人文始祖，胸怀苍生，德治天下，成绩突出。有一年，舜到南方巡视民情。舜跋山涉水，风餐露宿，所到之处为民排忧解难，与当地群众一起建农田、修水利，得到群众的爱戴。舜一路巡察至苍梧，由于积劳成疾、不治身亡，崩于苍梧之野，引山河泣血、天地动容。二妃前往南方寻找舜，日夜寻找，泪眼不干，所到之处，二妃的泪滴落到青竹上，青竹之上立刻显示斑斑血色，泪干后竹节上形成一块块红色或褐色斑块。二妃痛失舜帝，直至悲痛欲绝，双双投水殉情，悲壮凄婉，感天动地。因此这一带把二妃寻夫舜帝的故事传为美丽的神话。湘江苍梧一带的斑点竹，也被称为湘妃竹。

历代文人雅士对此多有题咏，唐代诗人高骈曾写有《湘浦曲》："虞帝南巡去不还，二妃幽怨水云间。当时垂泪知多少，直到如今竹尚斑。"毛泽东也于 1961 年在《七律·答友人》一词中用"斑竹一枝千滴泪，红霞万朵百重衣"，表达了对二妃的同情和赞美之心。

舜帝与二妃的爱情故事，堪称穿越时空的大爱宣言，是洞庭湖爱情文化最有影响力的代表作。

4. 吕洞宾三醉岳阳楼神话

据《岳阳风土记》等古籍记载，八仙之一的吕洞宾经常光临岳阳。浩渺的洞庭、秀丽的君山、庄重的岳阳楼、高耸的慈氏塔，都使他驻足、倾倒。而最令吕仙念念不忘的，却是人间的美酒。正因为如此，才有了"吕洞宾三醉岳阳楼"的美丽传说。

传说仙人吕洞宾望气得知岳阳郡中将有神仙得到度化，便来到岳阳楼，以一锭墨换酒喝，醉后便睡。楼下有一千年老柳树已成精，杜康庙前有一株白梅花也已成精。梅精在岳阳楼上作祟，柳精前往巡查，唯恐梅精伤人。吕洞宾遇到柳精，劝他出家修道，但柳精苦于自己土木形骸未得人身，不能成道。吕洞宾让他投胎楼下卖茶人家为男，梅精则投胎为女，即为郭马儿与贺腊梅，三十年后再来度化。二人长大后结为夫妻，在岳阳楼下开茶坊。吕洞宾两次前来度化，郭马儿并不醒悟。吕洞宾第三次来到岳阳楼，郭马儿已改为卖酒，吕洞宾喝了他的酒，给他一把剑，让他杀妻出家。郭马儿不舍得杀妻，但带剑回家后，贺腊梅的头颅忽然掉落，郭马儿便将吕洞宾告到官府。吕洞宾却说贺腊梅未死，一唤之后，她果然来了。众问官要判郭马儿诬告罪，郭马儿急忙向吕洞宾求救，这时才发现众问官原来皆是八仙变幻而成。郭马儿自悟到前生是一株老柳，贺腊梅前生则是一株梅花，二人跟随吕洞宾入道成仙。

当地的老百姓的为了纪念这位诗酒豪气的仙人，就在岳阳楼旁修建了一座"三醉亭"。三醉亭内有《洞宾醉酒》的画像，上题有七绝："朝游北越暮苍梧，袖里青蛇胆气粗。三入岳阳人不识，朗吟飞过洞庭湖。"在岳阳楼对面的君山上也建有朗吟亭来纪念他。隔着一湖碧水，亭与阁遥遥相对，使得秀美的湖水山川更显气韵。

"吕洞宾身上存在着两重身份，他是道教全真派祖师，也是大众口头传承的仙人、民间江湖艺人、工匠的祖师；同时他傲视礼俗，放浪形骸，吟诗好酒，率性而为，倜傥风流，与中国文化中固有的名士风气相通，在他身上又寄寓了众多文人的理想与情怀。"（梅莉，2017）[79]

不管是神仙还是凡夫，是诗人还是剑侠，是偶像还是散仙，吕洞宾的神仙文化都已成为岳阳楼文化中一朵奇葩，也是洞庭湖民俗文化中颇具特色的、不可或缺的组成部分。

5. 桃花源传说

自陶渊明《桃花源记》问世以来，桃花源便成了人们心目中向往和追寻的人间仙境、理想乐土。这里不仅有千姿百态的奇山秀水，而且有悠久的历史和丰富的文化遗产，即许许多多神话般的故事传说。

"王质去求仙，单乘入九天，洞中方七日，世上几千年。"这是一首在桃花源里广为流传、老幼皆知的民间传说。这则传说不仅道出了桃源古洞的神秘色彩，也引出了一系列桃花源里的传说。渔郎问津、桃花源的故事、桃树的故事、空心杉的来历、沈羲得道、罗袜仙子、寸趾姑娘、古秦仙乐、千丘田、遇仙桥等，这些传说展现在我们面前的是一幅幅色彩斑斓、追求真情、向往自由的美好画面，也是人们内心渴求幸福生活的外在反映。二黄闻道、瞿童升天、黄闻镇妖、关公显圣等，这些传说曲折离奇、栩栩如生，反映桃花源人为了他们心目中的理想世界不被玷污，世代相守，展开了正义与邪恶、真善美与假恶丑之间的斗争。玩月亭的传说、刘禹锡题碑、苏东坡借雪、种桃道人、陶渊明与桃花源等，这些传说虚实相接，既体现了文人墨客对桃花源的追寻和向往，又体现了历代人们在保护桃花源的过程中所展现的坚韧不拔的意志和高尚的情操。碧桃的来历、灵龟镇潭、方竹、泪石和纹石等，这些故事富于幻想、形象生动，体现了人们惩恶扬善的美好心愿。

古往今来，这些民间传说从不同角度反映了桃花源里玄妙的道教文化、朴实的隐逸文化、神奇的地域文化，也从不同角度反映了桃花源人民狩猎、养殖、耕织、嫁娶、生育、繁衍的进化过程，反映了这里的人们不甘屈服于社会和自然的压力与环境做斗争的精神和意志，表现了他们深厚的思想感情和丰富的想象能力。这些故事传说伴随着桃花源的发展而不断繁盛，为桃花源古老的文化起了画龙点睛的作用。

洞庭湖区文化积淀十分深厚，它是我国文化的发源地之一。9000年前三苗人就在这里繁衍生息，并发明了中国最早的新石器和陶器，建造了中国最早的"古城"，创造了中国最早的稻作文化，形成了洞庭湖区以稻作文化为特色的地域文化和社会群体，为先楚文化的构建和发展奠定了基础。

中国历史上"北方人南移"和"江西填湖广"两次人口大迁徙使得湖区人口多为移民。洞庭湖区的民俗是中原文化、荆楚文化、湖湘文化融合的民俗，具有凝重的稻作文化基调、鲜明的移民文化特色、强烈的巫楚遗风色彩和斑斓的湖湘文化底色。

"洞庭湖生态经济区应明确'文化为魂'理念，弘扬特色文化，将洞庭湖生态经济区传统优秀的人文精神和特色文化打造成洞庭湖生态经济区可持续发展的灵魂，挖掘文化软实力的潜力，释放经济增长新活力，推动文化昌盛与经济活跃的有机结合，实现洞庭湖生态经济区人文化、生态化、特色化发展"（邝奕轩，2017）[17]。

洞庭湖是中国的，也是世界的。洞庭湖区多姿多彩的民俗文化理应得到弘扬与传播。在当前推动中华文化"走出去"背景下，对外推介洞庭湖区民俗文化是每一个对外翻译与传播工作者义不容辞的责任。

第 5 章
平行语料库视域下洞庭湖生态经济区民俗文化翻译研究

5.1 洞庭湖生态经济区民俗文化翻译现状分析

随着洞庭湖生态经济区发展地位的提升，湖区的民俗文化的传承与传播活动越来越受到社会各界的重视。2016 年，中国（福尔康）第二届棉文化节暨洞庭湖民俗文化论坛在华容举行，以"传承洞庭湖民俗文化，推动洞庭湖生态经济发展"为主题发起洞庭湖民俗文化征文活动，最终选出具有代表性的文章 35 篇，并编印成《洞庭湖民俗文化论坛文集》；2018 年，中国洞庭湖文化促进会的文化产业发展基地——洞庭湖民俗文化园在岳阳落成，主要传播渔歌文化；2021 年洞庭湖民俗文化专家座谈会在岳阳召开，探讨深入开展洞庭湖民俗文化的调查收集、整理、研究及建设洞庭湖民俗文化资料库的途径，进一步推动洞庭湖民俗文化的传承与发展。虽然政府和民间在洞庭湖民俗文化的弘扬传承方面做了一定的努力，但在洞庭湖生态经济区民俗文化的对外翻译与推介方面却很薄弱，依然存在一些问题。

5.1.1 可供译介的文本少

有关洞庭湖民俗文化的文献记载较少，可供翻译的文本有限，译成外文的文本就更少。《湖南民俗文化》一书部分章节中对洞庭湖区的生产、生活民俗文化有所介绍，《洞庭湖风情史话》介绍了洞庭湖的社会风情，包括山水传奇、特产美食、民族宗教、民风习俗、教苑艺林、兵家故事、志士风云等。《洞庭湖婚俗史话》阐述了洞庭湖区的婚姻源流、婚姻形态、婚姻缔结、婚姻限制、婚姻礼仪和婚姻维护等。目前还没有正式出版的有关洞庭湖民俗文化的英语译本或中英双语文本。

洞庭湖生态经济区的节庆文化非常丰富。各种节庆活动里，影响较大的有：5月汨罗江畔龙舟竞渡、8月团湖赏荷采莲、9月常德桃花源福文化节、10月益阳国际竹文化节、12月东洞庭湖观鸟节等，为了获取第一手资料，笔者研究团队积极参与了这些传统节日活动并进行调研。结果发现，各种民俗节庆活动的中文资料很丰富也很详尽，各级地方政府对节庆活动亦十分重视，每次举办活动都在各类媒体和平台上进行了宣传，但是几乎所有的宣传材料都是中文的，在节庆活动举办现场也几乎没有任何外文的介绍。

此外，笔者研究团队还实地考察了湖南省博物馆，岳阳、益阳、常德等地市级博物馆，洞庭湖博物馆等，许多博物馆设有"民俗文化"专题展览，这充分体现了文物管理机构对洞庭湖民俗文化传承传播的重视。可惜不论是馆内的实物简介还是印发的宣传册，有关洞庭湖民俗的外文介绍或双语对照介绍皆是屈指可数。

近年来，湖南省人民政府网、岳阳市人民政府网、益阳市人民政府网、常德市人民政府网、湖南文化遗产网、湖南非物质文化遗产网及各地景区网站等官网上增加了对民俗文化介绍的篇幅，但有外文介绍的不多，中外对照的介绍就更加稀缺，且大多是只言片语，未能全面详细解释某种民俗内容的真正内涵。

5.1.2 现有的民俗文化翻译存在问题

从文献收集与实地调研的洞庭湖民俗文化翻译资料中发现，为数不多的民俗文化翻译中存在着语法失误、词汇误译、译名不统一等现象。

1. 语法失误

原文：施化妆土、彩绘题诗、模印贴花、施釉等装饰工艺皆在此完成。

译文：all the ornament crafts are done in the workshop, such as engobe painting, color decoration, verse inscription, mold printing and appliqué, as well as enameling.

上文有关长沙窑遗址装饰区的英语译文，暂且不论是否翻译是否得当，单从句首字母未大写，就可能让国外受众失望了。又如：

原文：长沙窑首创釉下彩书俗语警句装饰瓷器，为口头教化韵语提供了出处，为了解唐代民俗提供了文字材料。

译文：Changsha Kiln first use aphorism to decorate porcelain. This had provided source for oral teaching and text material for understanding the Tang Dynasty folk.

译文中"use"作"用，使用"解时，其主语不应为事物"Changsha Kiln"。此处翻译可用被动语态表示："Aphorisms and proverbs are first used to decorate porcelain in Changsha Kiln."。这样译更符合英语语法。此外，译语"folk"不能代表"民俗"，应选用 folk customs 或 folklore 等。

2. 词汇误译

某博物馆内对周瑜的介绍中"周瑜，东吴名将"的译文是"Zhouyu is the famous general in Eastern Wu dynasty"，此处误将"东吴"译成了一个朝代名，犯了常识性错误。又如"出土的玉璜、玉环等玉器，质地细腻，磨制精美。"的译文"Jades unearthed such as rings, semi-annular pendants and so on were elegant in design and exquisite in grinding."。"质地细腻"

在此译成"elegant in design"不妥，此译强调的是设计精美，与质地无关。此外有关岳州窑的介绍中"……越州瓷、岳瓷皆青，青则益茶"译为"...the porcelain of Yuezhou and Yue are green, and green is better for tea."。其中越州瓷的"越"与岳瓷的"岳"同音，会让外国受众丈二和尚摸不着头脑：两处窑址是否为一处呢？

某政府网有一段对擂茶的介绍："凡上等擂茶，碗面热气腾腾，茶面颜色黄绿、呈龟斑状，斑状微动，恰似天上飘浮的云朵，擂茶自上而下层次分明。"其英文网站对应的译文是："Where the top-grade Leicha, the bowl of noodles is steaming hot, the color of the tea noodles is yellow-green, with turtle spots, and mottled slightly, just like the clouds floating in the sky. Leicha has a distinct hierarchy from top to bottom."。原文的"碗面""茶面"指的是茶碗表面和冲泡好的擂茶表面，与面条没有关系；然而相应的翻译"the bowl of noodles"与"the tea noodles"却在让国外受众想到中国面条的同时，也心生疑惑：这里的茶与面条有何渊源？毫无疑问，这种死译不仅令人啼笑皆非，而且阻碍了国外受众对于擂茶文化的了解，恐怕因此也让擂茶文化"黯然失色"。此外，擂茶音译为"Leicha"不加注释，也难以让国外受众明白它的所指意义。

又如某政府官网上有关洞庭银鱼的介绍："洞庭银鱼又称面条鱼，形呈圆条状，长约66厘米。"其英文网站对应的译文是："Dongting whitebait, often dubbed as noodle fish for its noodle-like shape, is about 66 centimeters long."。银鱼有大小之分，小银鱼一般是4~5厘米，而大银鱼一般来说有7~8厘米，最长的也不过十几厘米左右。因而原文中的66厘米显然是数字输入有误。在进行翻译时，虽然应遵循"忠实原则"，但也需要对原文进行甄别，在发现原文出现偏差时应及时在译文中予以纠正，确保对外传播的效果。

再如某翻译实践报告对于君山银针茶制作工序的翻译。原文："君山银针茶传统自制工艺要经十二道工序、七十二步方才完成。摊青、杀青、摊凉、初烘、初包、发酵、复烘、再摊、复包发酵、足火、拣选，都有秘技传艺。就连贮藏也十分讲究。"译文："Junshan silver needle tea must undergo 12 working procedures in total 72 steps, including 'tedding, kill-green, withering, baking, fermentation, secondary baking, secondary tedding, secondary fermentation, final firing, and sorting'. All the steps are secret skills."。"杀青"是加工绿茶的一道工序，指把嫩叶加高温烤软，破坏其中的酵素，防止发酵并使茶叶保持原有绿色，以便进一步加工。因而，不假思索，望文生义地译为"kill-green"只会让国外受众一头雾水，不知所云。查阅维基百科，在 tea processing 词条下对 fixation 有以下解释："Fixation, also known as shaqing, is done to stop oxidation at a certain level."，因而"杀青"用"fixation"来表达较为合适。

3. 译名不统一

常德丝弦是中国十大地方曲艺之一，也是湖南曲艺中最具有代表性的曲种。常德丝弦以其鲜明的地方特色、特有的说唱技巧和审美品格，成为湖南地方曲艺百花园中的一朵奇葩，2006 年被列入第一批国家级非物质文化遗产名录。近年来，在各级政府、专家学者、文艺工作者和传承人的共同努力下，常德丝弦得以保护与传承，逐渐回归艺术本真，广为传唱。但在官方网站上有关"常德丝弦"的译名存在不统一现象："Changde Silk String Art"和"Changde Sixian (Changde Local Oepra)"，这种专有名词出现译名不统一，会让国外受众弄不明白二者是否指同一种艺术表演形式；同时，官网上出现的单词拼写错误——"Opera"拼成了"Oepra"实属不该，严重影响了常德丝弦对外传播的效果。

译名是一项学术性、专业性很强的工作，而准确、统一的译名极为重要。著名学者周海中先生曾在《关于Babbage汉字译名》一文中说："译名统一，读者幸甚；译名混乱，读者受苦。"如果不规范、不准确、不统一的译名大量出现，不仅给广大国外受众带来了极大不便，也给国家形象造成了一定的损害。

如前所述，语法失误、词汇误译、译名不统一等现象势必会成为中外文化沟通的障碍，影响洞庭湖区民俗文化的对外传播，影响洞庭湖生态经济区的外宣形象。

5.1.3 有关洞庭湖民俗文化翻译研究较少

洞庭湖民俗文化研究有一定的基础，但对洞庭湖民俗的翻译研究不够。目前，学者们对在洞庭湖民俗文化中的民间音乐、饮食文化、神话故事、年节民俗、自然和谐共生等内涵的发掘以及民俗文化与旅游经济开发等方面均取得了一定的研究成果。如：专著《洞庭湖水神信仰研究》着重探讨了洞庭湖水神信仰的起源、发展、传播以及在当下的生存状态，从文化层面考察了人与环境关系的演变途径，并从文化对环境的作用方面展望了洞庭湖水神文化的未来。专著《洞庭湖区水神信仰民俗音乐研究》以"民俗仪式中的音声"为切入点，研究了"音乐—音声—民俗"之间的互动关系，并以音乐民族志文本规范书写，尽可能贴近真实地构建"洞庭湖流域音乐志"。

笔者在中国知网输入"洞庭湖民俗"仅检索到十几篇文章，如李琳（2008）挖掘了环洞庭湖民歌中所蕴含的民俗事象及文化内涵；王亮（2019）分析了洞庭湖民歌中的民俗文化内涵对于洞庭湖区旅游经济开发的促进作用；王建华（2017）先后分析了洞庭湖区饮食文化的特点和饮食文化资源的构成元素；李云安、柳清（2010）介绍了环洞庭湖区丰富的年节民俗所体现的人本气韵；姚日晓（2009）借助唐代文学文本，探究洞庭湖神话传说故事的源流；李琳（2010）先梳理了洞庭湖水神信仰的历史变迁，后分析了渔民信仰与崇拜水神的活动：水神信仰贯穿洞庭湖渔民生产、生活的整个过程，湘妃、洞庭王爷、杨泗将军等三位水神在渔民中影响最大。肖旻（2015）、康琼（2015）分析了洞庭湖水神信仰折射出人与自然之间相互联系、相互依存的一体关系，是人与自然和谐共存、共同发展的文化写照。

学者们对于洞庭湖民俗文化的对外翻译与传播方面研究较少，仅在少数有关湖南民俗文化文本的翻译实践报告的硕士论文中，涉及了洞庭湖区的民俗文化。如《〈湖南民俗文化〉英译实践报告》对湖南家庭习俗与湖南社会交往民俗进行翻译实践总结时，涉及洞庭湖区家庭习俗与社会交往民俗，如常德妇女擂茶待客习俗；《〈湖南民俗文化〉中湖湘饮食名称的英译》在对湖湘饮食名称英译的实践中分析了洞庭湖区的特色饮食名称如"冰糖湘莲""君山银针""擂茶""发糕"等的翻译；《〈湖湘文化读本〉翻译实践报告》对湖区的饮食和建筑习俗如"辣椒的做法""风水树"等亦有提及；《舌尖上的湖南——〈湘菜〉英译实践报告》对湖区年俗"杀年猪"和湖区佳肴"常德钵子菜""子龙脱袍"等的翻译进行了论述。期刊论文《基于语料库的湘菜菜名英译研究》对洞庭湖区名菜"蝴蝶飘海"的英译做了重点分析。

5.1.4 高质量的对外翻译人才欠缺

近年来，湖南的外语教育、翻译教育事业发展迅猛。从学位点来看，湖南各高校的外语一级学科博士点达4个；从学科来看，湖南师范大学外国语言文学学科入选"世界一流学科"。此外，湖南省有外语类一流专业建设点18个。另外，从教学改革来看，近年来，专家们制定了《外国语言文学类教学质量国家标准》《英语类专业教学指南》《翻译硕士专业学位培养单位评估指标体系》等，成绩有目共睹。尽管如此，湖南的翻译人才队伍仍然存在量的不足、质的欠缺以及市场供需不平衡的问题。"翻译工作者一般擅长把外语翻译成自己的母语，而将母语翻译成外语，被公认是一项高、精、尖工作，能够胜任中译外工作的高端人才严重不足，估计缺口高达90%以上。"（文敏，2010）

现有的翻译人员无法满足湖南日益增长的中译外工作需求，特别是高质量中译外翻译人才的匮乏，制约了湖南省对外文化交流的深度和广度，难以适应对外宣传湖南优秀历史文化的需求，更难以适应湖南与国外经济、文化联系越来越紧密的现实要求。尤其是在湖南"十四五"期间全力推进"三高四新"战略，加速洞庭湖生态经济区发展背景下，急需一大批能"传播湖湘经典，弘扬湖湘文化，展示湖南形象"的高质量文化翻译人才。

5.2 洞庭湖生态经济区民俗文化汉英平行语料库构建的意义

5.2.1 理论研究意义

20世纪90年代，国外开始基于语料库进行翻译研究，同一时期，杨惠中发表文章《语料库语言学与机器翻译》，开启了我国语料库翻译学的研究之路。以王克非、胡开宝、李德超等为代表的学者在语料库翻译学领域取得了一系列成果。尽管语料库翻译学已历经近30年的发展历程，但地方民俗文化汉英平行语料库构建方面的研究，国内外目前还处于初级阶段。构建洞庭湖生态经济区民俗文化平行语料库，有助于扩大语料库在民俗翻译领域的应用范围，可以促进翻译的区域化研究，进一步丰富英汉双语语料，使翻译语料库更加多样化，从而促进语料库翻译学的发展。

建成的语料库将提供大量有据可寻的真实语料，内容涵盖洞庭湖生产民俗、饮食文化、民间艺术、年俗节庆、民间工艺、神话传说等多种类别的民俗文化，可以服务于翻译研究、民俗文化研究、地方研究等。特别是翻译研究，越来越注重地方化特点，基于语料库对比的翻译研究和文化研究也是国际相关学术领域的前沿阵地。通过构建洞庭湖生态经济区民俗文化翻译平行语料库，可以运用语料库来量化研究洞庭湖生态经济区民俗文化的语言特点、翻译策略、翻译规律等，为洞庭湖生态经济区的民俗文化翻译建立自成体系的网络共享资源，为洞庭湖生态经济区民俗文化翻译研究开拓多角度、多层次、多元化的立体即时研究平台。拟建的语料库还可为深入研究湖南省乃至我国民俗文化翻译提供范例，丰富我国民俗文化翻译的研究内容。

5.2.2 实践意义

1. 有助于保护和传承洞庭湖生态经济区的民俗文化

加快建设洞庭湖生态经济区，文化的建设也是其中一部分。抓住时代机遇，建立洞庭湖生态经济区民俗文化资源语料库，也是积极响应《洞庭湖生态经济区规划》和《长江中游城市群发展"十四五"实施方案》，顺应时代发展的需要。拟建的语料库对相关文本及术语翻译进行规范和统一，整合和归类洞庭湖区的民俗语料（其中涵盖许多并未被充分挖掘和宣传的民俗资源），对于保存多样性的民俗资源，传承洞庭湖民俗文化，推动该区旅游发展，助力该区的经济腾飞有重要的实践意义。

2. 有助于提升洞庭湖生态经济区民俗文化翻译质量

洞庭湖生态经济区遍布富有特色的民俗街区、旅游景点、民俗村庄和民俗博物馆，但通过实地调研发现相关文本翻译问题凸显，如文化误译、错译、漏译、语法错误、语用失误、专有名称译文不一致等问题十分常见。在创建语料库过程中，专家会对这些语料进行整理，进行反复校对和修订，确保语料的规范与准确。因此，民俗文化语料库的建设将有利于规范和统一洞庭湖区的民俗文化翻译，进一步提高民俗文化翻译的质量。

3. 有助于提升翻译教学质量，培养民俗文化翻译人才

洞庭湖生态经济区汉英平行语料库将为翻译专业师生提供大量真实的

语料，教师和学生能对语料库的汉英文本进行充分讨论，尤其对英文文本的优劣开展检查与评判；教师可引导学生深入剖析汉英民俗文化资料在语言风格、句法结构、文本功能等方面的区别，进而总结翻译标准，提炼翻译方法与技巧，改善翻译质量，提高翻译水平。同时，基于语料库的双语文本和相关语料的标注，教师可通过对比研究深入理解教学计划、完善课程设置、更新教学观念，使课程目标和课程内容满足民俗文化外宣对翻译人才的特殊需求。

4. 有助于对外传播洞庭湖生态经济区民俗文化

洞庭湖生态经济区，作为国家发展战略要地，对外宣传力度还远远不够。该区民俗文化资源丰富，不仅拥有以岳阳楼、桃花源、常德诗墙、荆州古城、天意木国（世界木文化博物馆）等为代表的一大批环湖历史文化遗产，还有世界非物质文化遗产"汨罗江畔端午习俗"、国家级非物质文化遗产"花鼓戏""巴陵戏""洞庭渔歌""澧水船工号子""君山银针茶制作技艺""益阳小郁竹艺""长乐抬阁故事会"等。如何将这些资源整合，并建立一个有效获取和共享利用的网络服务平台？基于语料库的资源提取和整合是切实可行的方式。洞庭湖生态经济区民俗文化汉英平行语料库，在民俗文化和"互联网+"时代下的对外宣传之间架起了桥梁，能以更迅捷、更立体的渠道传播洞庭湖的民俗文化。

5.3 洞庭湖生态经济区民俗文化翻译语料库构建

洞庭湖生态经济区民俗文化翻译平行语料库属于专门类型双语语料库，库容量预计100万字、广泛分类选取语料，语料主要分为六大类：生产民俗、饮食文化、岁节民俗、传统音乐戏曲、传统手工艺、民间传说故事。标注包含属性说明标准（语体、领域、标题、作者、作者性别、出版时间、来源出处和出版社信息标准），篇体信息标注（词性标注、句法标注、语义标注、语用标注和语音标注等），在后续的研究及检索中能有效用于民俗翻译的多视角理论和实践研究。洞庭湖生态经济区民俗文化平行语料库构建的基本流程主要包括以下环节，详情如图5.1。

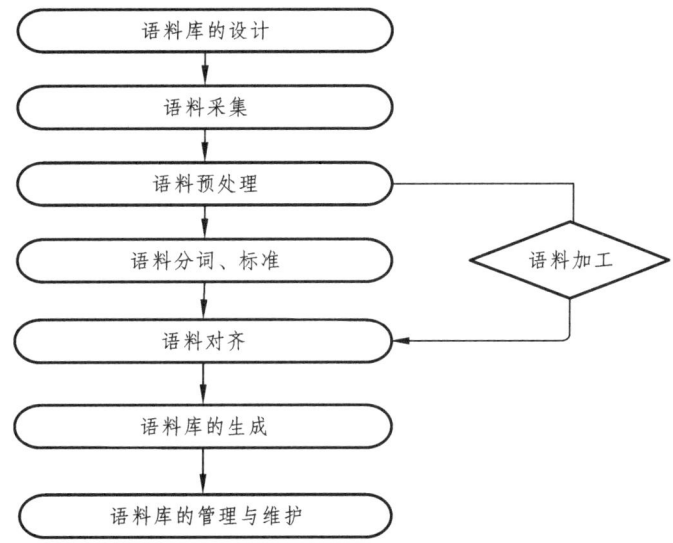

图 5.1 洞庭湖生态经济区民俗文化平行语料构建流程图

5.3.1 中英双语语料的收集

1. 确定语料收集范围

洞庭湖生态经济区民俗文化平行语料库的语料主要分为六大类：生产民俗、饮食文化、岁节民俗、传统音乐戏曲、传统手工艺、民间传说故事。按照以上六大语料分类，分别对各种语料进行多渠道的语料收集。

2. 语料的采集

语料的收集主要分书面纸质语料的收集、网络电子语料的收集、现场采访语料的记录采集。书面语料的采集主要包括人工输入、扫描输入以及现有电子文本的利用。常用的语料采用的是搜索→下载→格式转化的方法，也可以用计算机技术进行信息的爬取。本语料库的语料收集选用了以下几种语料采集软件和工具。

（1）天若OCR文字识别软件。

目前网络及手机APP端口主推的OCR文字识别的软件非常丰富，在语料库采集过程中，天若OCR文字识别软件使用率比较高。天若OCR是一款优质好用的Windows端OCR文字识别软件，该软件的主要识别功能主要包括以下功能：文本识别（将图片中的文本转换成可编辑文本）、表格识别（将图片中的表格转换成可编辑表格）、竖排识别（将图片竖排文字识别成可编辑文本）、公式识别（将图片公式识别出latex代码）、矫正识别（可以将图片进行倾斜透视矫正）、高级识别（调整识别对比度，自动绘制表格线）、识别翻译（识别图片后自动翻译）、识别搜索（识别图片后自动搜索）、截图功能（丰富的截图标注功能）等（见图5.2）。

图 5.2 天若 OCR 示意图

（2）Teleport Ultra 离线浏览器。

Teleport Ultra 是由美国 Tennyson Maxwell 公司开发的一款离线浏览器，该软件可以完全或部分下载一个网站上的内容，使用户能够离线浏览；可以在硬盘上创建一个与原网站完全相同的镜像；也可以在网站上寻找并下载某一类型的文件。Teleport Ultra 离线浏览器有以下主要功能：将一个网站全部或部分下载到使用者的电脑上，使用者可以直接从自己的电脑硬盘更快地浏览；创建一个网站的副本或镜像，包括网站的完整结构框架及所有的网站文件；搜索网站中特定类型和大小的文件；在已知或设置的地址下载文件列表；从一个网站主页探索追踪每一个网站的链接；网站关键字搜索；网站上所有网页及文件清单列表（见图5.3）。

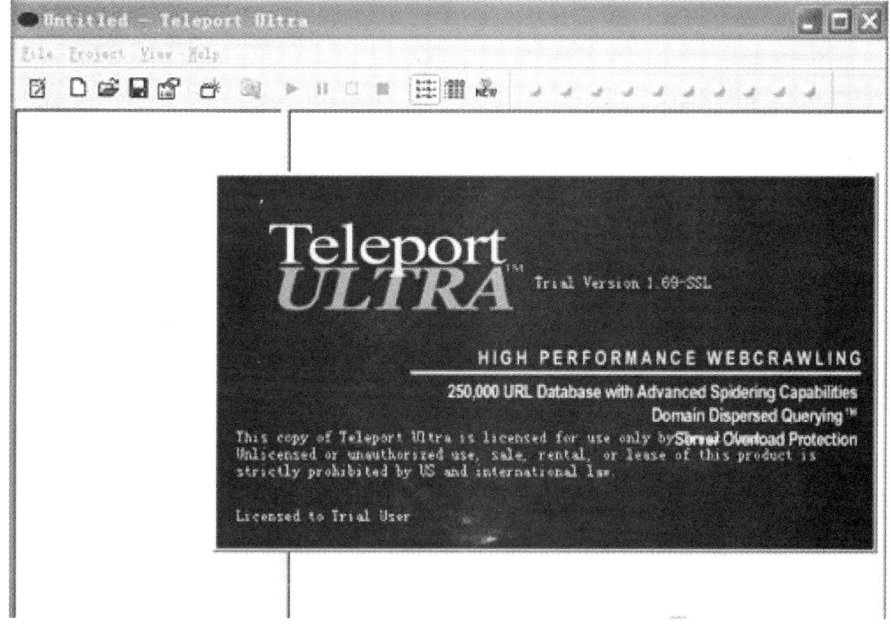

图 5.3 Teleport Ultra 示意图

（3）TextForever 文字编辑软件。

TextForever 软件提供的功能有 HTML→TXT 转换、、TXT 文件分行、编码（GB/GBK/Big5/Shift-JIS/Unicode）转换、文件合并、TXT 文件段落合并、TXT 文件分行、文本替换、HTML 代码整理、文件切分、文本提取、正则表达式、TCR 批量压缩/解压，用于整理从互联网上下载的文字内容（见图 5.4）。

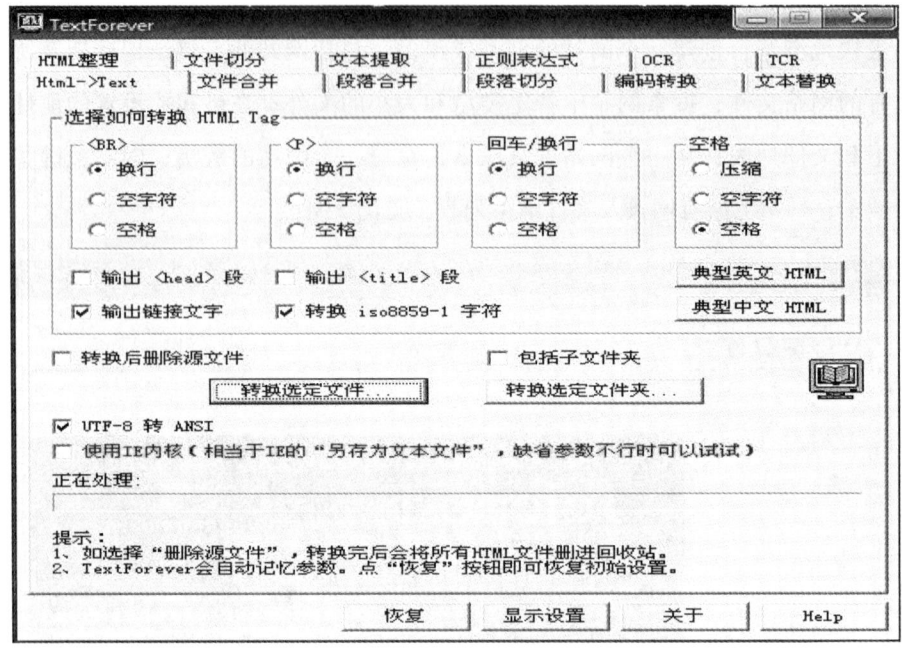

图 5.4 TextForever 示意图

5.3.2 语料整理与对齐

由于语料库文本来源的多途径和特殊性，收集到的语料里面包含了中英文字符、数字、标点、空格、空行、代码符号、个人敏感信息等非常规字符，这些都是无意义的信息，需要进行清理。清理过程主要包括进行数据清洗、人工去重、对齐、删除、标注、脱敏、中英文分词等清理性操作。本语料库语料的清理与对齐用到了以下几种软件工具。

1. EmEditor 文本编辑软件

EmEditor 是日本的江村软件公司（Emurasoft）所开发的一款在 Windows 平台上运行的文字编辑软件，在 Windows 系统中使用。EmEditor

的主要功能包括的：编码（高亮显示，多选编辑，比较文件），支持大文件运行（处理高达 248GB 的文件，大文件控制器，拆分/合并文件，为大文件排序优化，多线程性能），用户定制型界面（标签设计，快速启动，工作区内存，标记），扩展性能（插件支持，功能强大的可编写脚本的宏，与外部工具集成，直观的轮廓显示），等等（见图 5.5）。

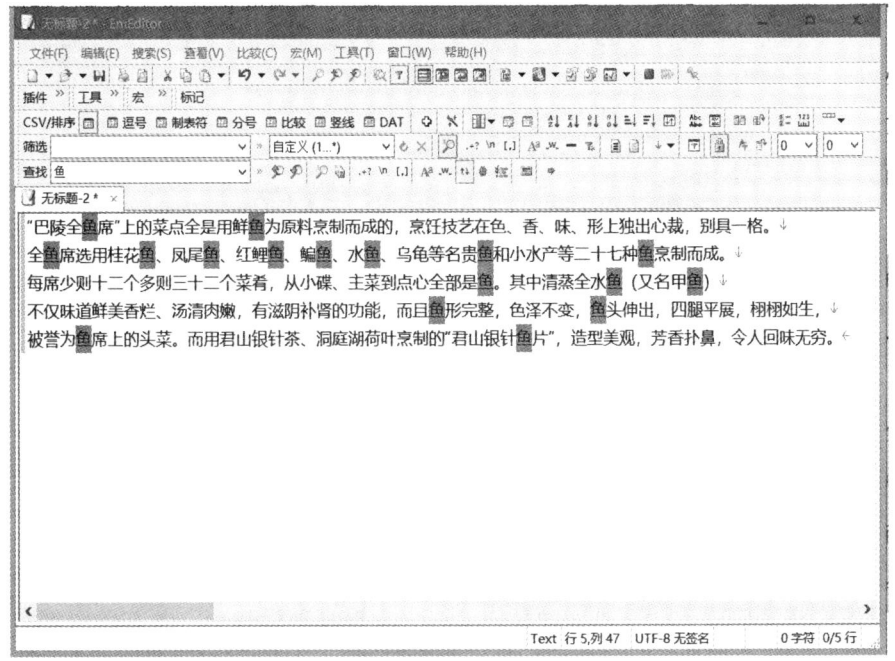

图 5.5 EmEdittor 编辑民俗语料示意图

2. EditPlus 文字编辑软件

EditPlus 软件是一款由韩国 Sangil Kim 公司出品的小巧但功能强大的文本编辑器，拥有撤销与重做、英文拼字检查、自动换行、列数标记、搜寻取代、同时编辑多文件、全屏幕浏览功能（见图 5.6）。

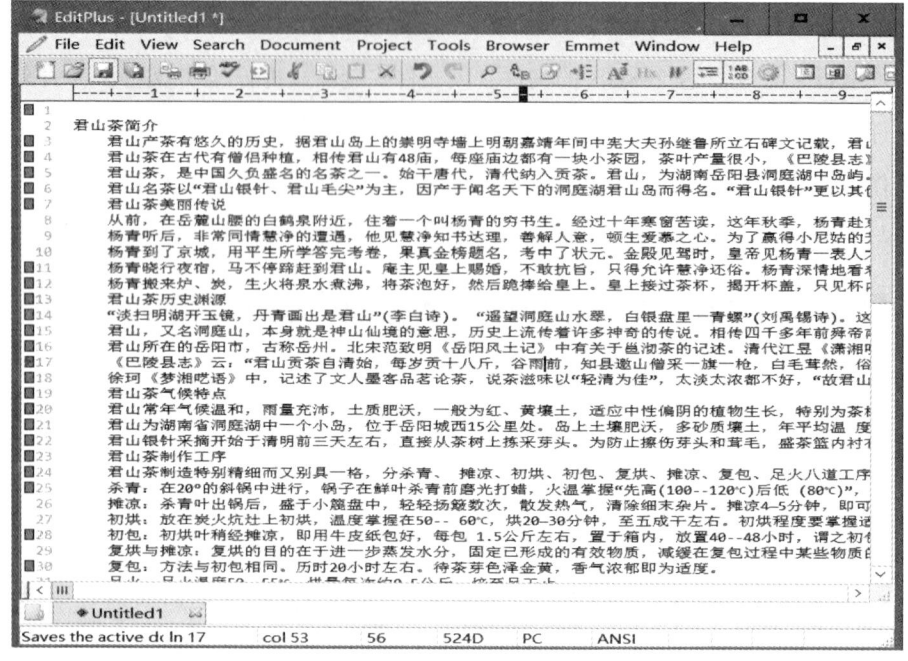

图 5.6 EditPlus 编辑民俗语料示意图

在建立平行语料库的过程中，中英双语语料的对齐是必不可少的建库流程和基础工作。语料对齐是把双语文件内容进行逐句对齐，比如中文和英文（中文为原文，英文为译文）对齐。语料对齐的目的是建立语料库/记忆库，将其应用于计算机辅助翻译，以大大提高翻译效率，尤其适用于专门领域的翻译。目前，市面上有很多语料对齐的免费软件，如 Tmxmall 在线对齐、SDL Trados WinAlign、ABBYY Aligner、CAT 对齐工具、雪人对齐、transmate、LF_aligner 等软件。现介绍几款洞庭湖生态经济区民俗文化平行语料库构建过程中使用到的对齐工具软件。

3. LF_Aligner 语料对齐软件

LF_Aligner 语料对齐软件可以在两种语言之间进行单文本合并对照对齐，能够实现词汇、多词组组合段位、从句和段落的对齐（见图 5.7）。

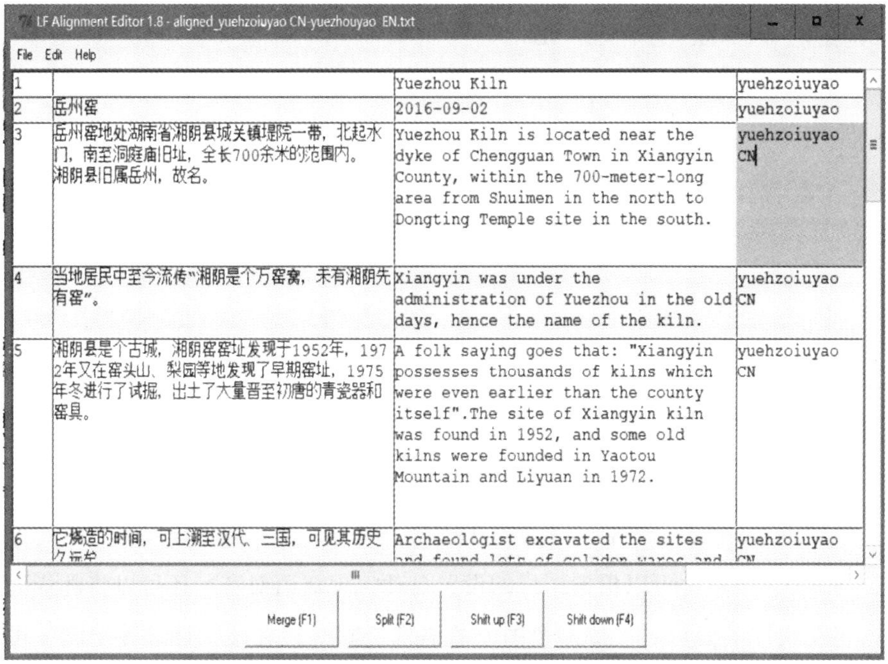

图 5.7 LF_Aligner 对齐民俗语料示意图

4. Tmxmall 在线对齐功能

Tmxmall 在线对齐是由上海一者信息科技有限公司开发的在线对齐工具，该公司主要致力于翻译记忆库的检索、交换，以及在线 CAT 等计算机辅助翻译服务（见图 5.8）。Tmxmall 在线对齐能自动识别"一对多""多对一""多对多"等模式；支持多种格式，包括 docx、xlsx、pptx、pdf、txt 等 36 种主流格式的导入；支持 tmx、xlsx、txt、docx 等 4 种格式的导出；设有高级功能：完全重复句一键去除，一句多译句对一键筛选，原文与译文内容一键筛选；检索词快速定位；还可以提取术语，与语帆术语宝强强联合，在语料库对齐后可实现双语术语的智能提取与导出。

图 5.8 Tmxmall 对齐民俗语料示意图

5. ABBYY Aligner 双语对齐工具

ABBYY Aligner 是由俄罗斯 ABBYY 公司开发的一款双语对齐工具（见图 5.9），该软件可以根据用户的设置自动实现双语对齐，还可以将翻译的内容在软件上编辑，支持多个国家的语言。同时，它还支持统计功能，可以显示对齐总数及已经完成的、错误的内容，方便查看本地对齐处理的结果。它还可以提取术语，与语帆术语宝强强联合，在语料库对齐后可实现双语术语的智能提取与导出。

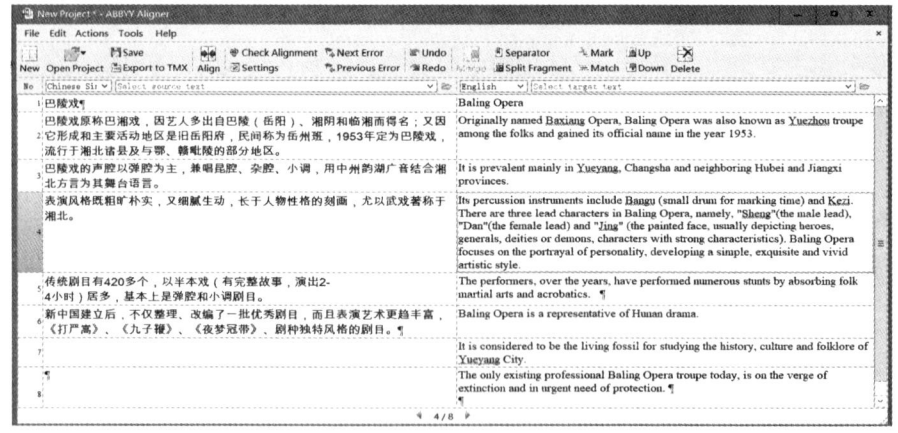

图 5.9 ABBYY Aligner 对齐民俗语料示意图

Tmxmall 和 ABBYY Aligne 两种主流对齐软件各有其优势与适用范围（见表 5.1），在民俗语料对齐过程中可以根据实际需要采用。

表 5.1 Tmxmall 与 ABBYY Aligner 特点与功能对比表

软件名称	Tmxmall	ABBYY Aligner
文档格式	单文档/双文档	双文档
导出格式	17 种（doc/docx、ppt/pptx、tmx、txt、pdf、wns、rtf、pot、odt、xml、html、shtml、chm）	24 种（dll/docx、exe、htm、html、Idml、mif、msg、odp、ods、Pdf、BBS、OBSX、ppt/pptx、rc、resx.rtg txt、xls、xlsx、xml）
批编辑	可以	可以
查找/替换	可以	可以
对齐方式	段落对齐—句对齐	段落对齐—句对齐
基本功能	合并、拆分、上移、下移、插入、删除、调换、回退、对齐	合并、拆分、上移、下移、插入、删除、调换、回退、对齐
特色功能	去除"原文=译文"去除"一句多译""一键去重"提取术语少调换（转变语言方向，制作反向记忆库）奇偶数段颜色区分（此功能较实用）	删除所有空行"选定单元格对齐标记（分隔符）

5.3.3 语料库的检索

语料库只是文本的归类和整理，语料库本身是以静态的文字存在，不能显示语言的规律与特点。建立语料库的目的是对语料库进行分析研究，分析的主要途径就是对语料库进行多维度的检索，常见的语料库检索方法有关键词检索、搭配检索、句型检索、对译词检索、模糊检索、作品联合检索、多译者联合检索和检索结果自动排序等,根据检索结果进行实证性研究。如:在洞庭湖生态经济区民俗文化平行语料库进行模糊检索,定义运算符"!",输入"!茶"可检索出"银针茶""黑茶""洞庭碧螺春茶"等含有茶的词等。通过检索语料库可以进行词频统计,这对语言和翻译研究都有不可比拟的作用,通过对检索结果排序还可以方便研究人员研究词语的搭配特点。通过对比分析一系列的检索结果,可以从中发现并归纳民俗文化翻译语言规律,在充分描写的基础上揭示民俗语言本质规律与特点。语料库的检索目的与类别如图 5.10:

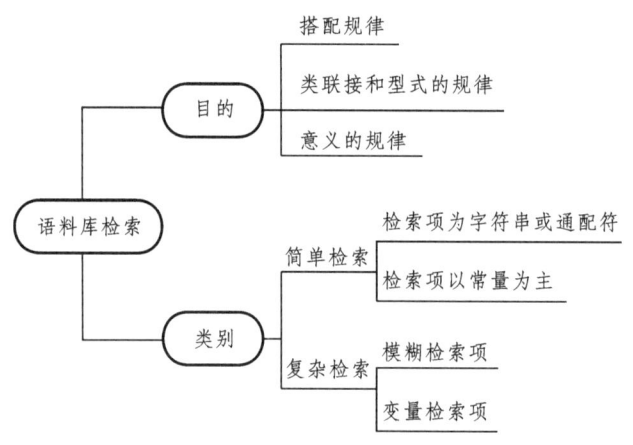

图 5.10 语料库检索目的与类别示意图

本语料库主要用到以下两种检索工具:

1. AntConc 语料检索工具

AntConc 是由日本早稻田大学科技学院 Laurence Anthony 教授编写的语料库检索工具,适用于语言学、翻译学、外语教学等领域的研究者。AntConc 软件具有词语检索、统计词频和生成词表等功能(见图 5.11)。

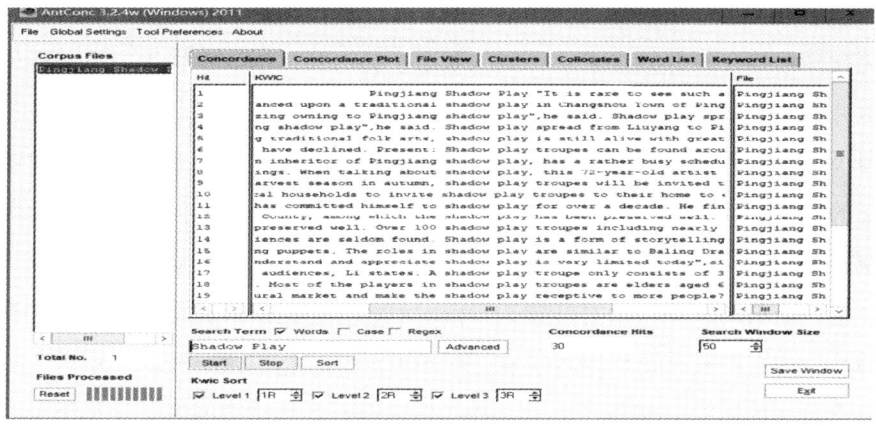

图 5.11 AntConc 民俗语料检索示意图

2. CUC_ParaConc 语料检索工具

CUC_ParaConc（中国传媒大学平行语料检索）软件是一个免费的绿色软件，设计的目的是减轻研究者的劳动量。软件主要用于检索双语、多语平行语料，支持对 Unicode、UTF8、ANSI 等编码的纯文本语料检索，支持多个国家的平行语料检索，如汉语、英语、法语、俄语、韩语、日语、泰语等。多语检索可以实现 1 对 16 的平行语料（见图 5.12）。

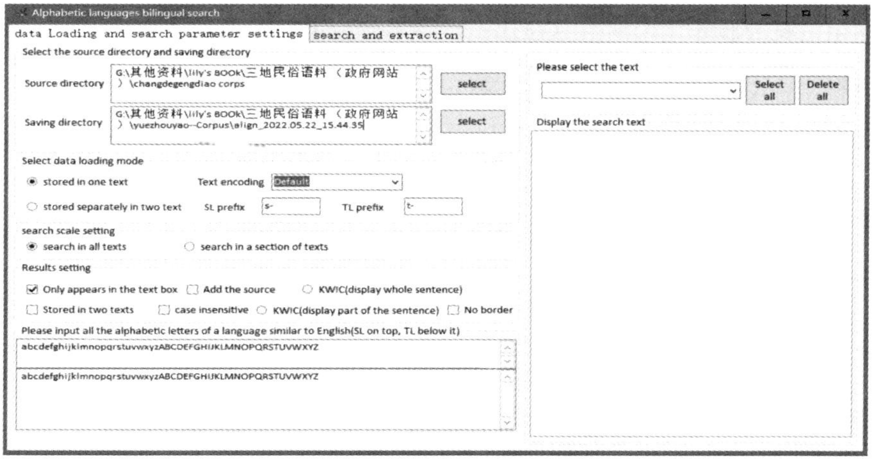

图 5.12 CUC_ParaConc 民俗语料检索示意图

在整个语料库的构建过程中，由于目前洞庭湖生态经济区民俗资料汉英翻译仍处在较低的水平，类似的双语平行语料库的数量稀少，不可避免地会遇到诸多问题。首先，语料的数量和范围问题。洞庭湖生态经济区各地民俗资料数量庞大，种类繁多，分布也较为分散，缺乏系统的分类和详细的描述，导致源语文本特别是经典的源语文本缺乏，如何做到深度发掘、覆盖全面地搜集语料，系统地整理语料，是研究者们首先要攻克的难题。其次，语料的整理与校对问题。目前洞庭湖生态经济区民俗资料英文文本稀缺，现有的英文语料问题重重，对所有语料进行整理、校对、审译，提高语料库的质量，亦是一个重大挑战。最后，语料对齐问题。汉英语料对齐是一项繁琐的工作，需要大量的时间与耐心；同时语料对齐也是实现检索进而推广使用的重要步骤。因此，这也将是民俗文化平行语料库构建者们要全力突破的工作难点。

5.4 洞庭湖生态经济区民俗文化菜单平行语料库分析

语料库就是为了一定的研究目的，根据一定的搜集原则或取样并按照一定的方法分类集合起来的一批语言材料。由于语料库具有语言样容量大、语域广、材料题材丰富等特征，语料库收集的语言材料具有很强的代表性，利用语料库研究语言的翻译特征，已成为语料库最重要的应用之一，比如，语料库可用来研究特定语域的词频、语言结构、意义表达以及语用等特征。语料库的检索功能和统计手段能为词频分析、搭配分析、句法研究、语篇分析、会话分析和语音研究提供较有力的技术和数据支持，通过语料库的检索分析，可以比较精确、形象地反映隐藏在语料背后的语言现象。本节以洞庭湖生态经济区民俗文化中菜名翻译为例，主要研讨语料库在洞庭湖生态经济区民俗文化翻译中的应用。

5.4.1 语料库检索的手段

以语料库检索软件 AntConc3.5.9 版本为例，该软件主要功能包括索引定位（Concordance Plot）、文件查看（File View）、词丛/N 元模式部分

（Clusters/N-Grams）、搭配（Collocates）、词单（Word List）、关键词单（Keyword List）等（见图 5.13），其被诸多语料库及语言研究者广泛地应用于语料库语言学研究和数据驱动。

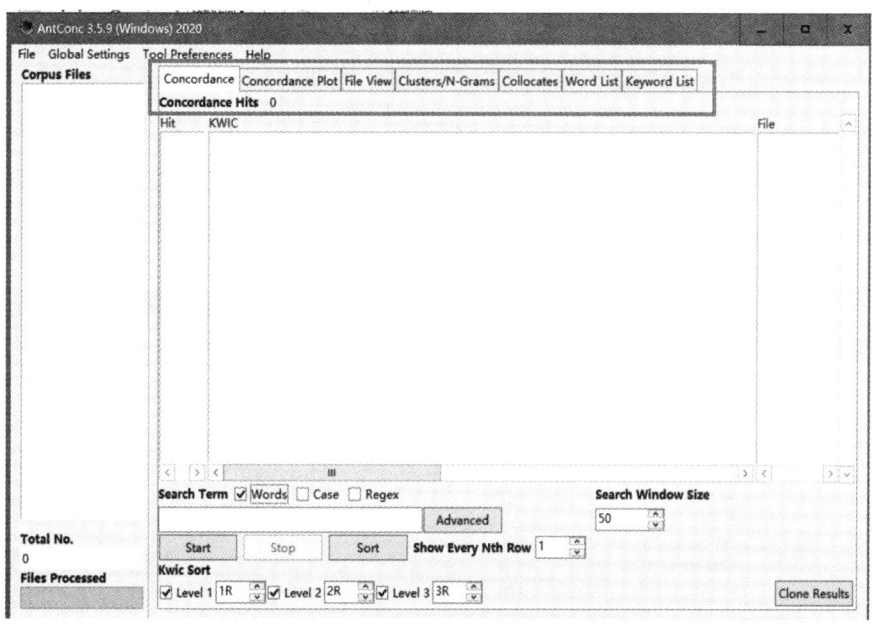

图 5.13 AntConc 基本功能示意图

5.4.2 数据分析与讨论

1. 形符（word tokens）与类符（word types）比值分析

形符表示在语料库中出现的所有单词，而类符表示在语料库中的单词类型。借助 AntConc 工具，可以收集两个语料库中形符与类符的基本统计信息。以洞庭湖生态经济区民俗文化菜单平行语料库观察为例子说明。观察语料库有 16 928 个形符，4 531 个类符。类符/形符比（Type/Token Ratio，简称 TTR）指的是特定语料库中类符数和形符数的比率，它被称为词汇密度，能反映文本所使用词汇的丰富程度。TTR 比值越大，说明该文本所使用的词汇量越多，反之则越少。在洞庭湖生态经济区民俗文化菜单平行语料库中 TTR 的比值为 0.2676，说明在饮食文化菜单平行语料库中词汇的丰富程度不高，主要原因是烹调手法及主要入菜的原料在菜单中出现的频率比较高。

2. 词频（word frequency）分析

词频检索是运用语料库检索分析语料的主要方法之一。首先通过单词表（word list）工具对语料库中的所有单词进行检索，然后有序地列出语料库中最常用的词表，体现在菜单平行语料库中出现词频的从高到低的排列情况（见图 5.14）。

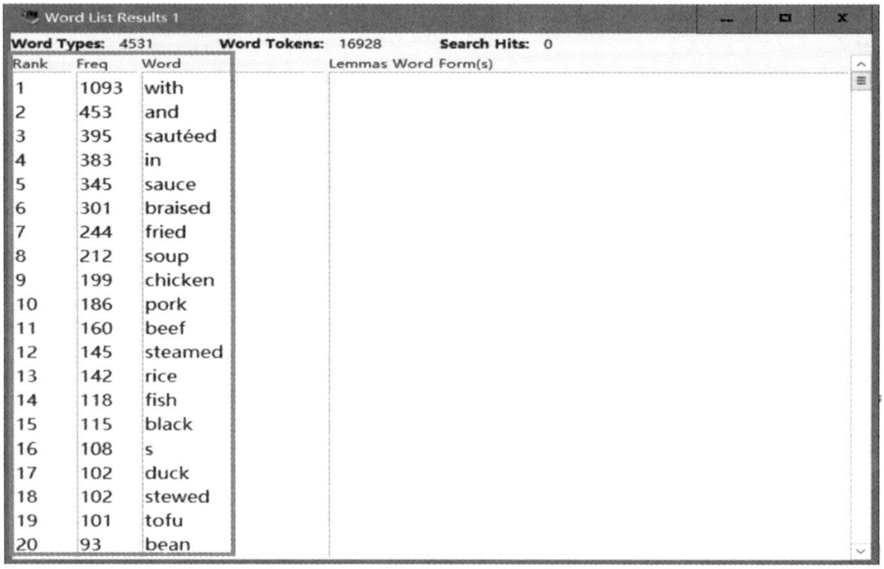

```
Word List Results 1
Word Types: 4531    Word Tokens: 16928    Search Hits: 0
Rank  Freq  Word        Lemmas Word Form(s)
1     1093  with
2     453   and
3     395   sautéed
4     383   in
5     345   sauce
6     301   braised
7     244   fried
8     212   soup
9     199   chicken
10    186   pork
11    160   beef
12    145   steamed
13    142   rice
14    118   fish
15    115   black
16    108   s
17    102   duck
18    102   stewed
19    101   tofu
20    93    bean
```

图 5.14 洞庭湖民俗文化菜单平行语料库部分词频情况

从图 5.14 中可以看出，在湖南民俗饮食文化菜单翻译平行语料库中，排在前 20 的高频词除了 with、and、in 这些在任何语料库中都高频出现的介词外，主要是表示烹饪手法的"sautéed（煎）""braised（炖）""fried（炸）""steamed（蒸）""stewed（煨）"，这些词的高频出现反映了湘菜技法多样的特点。中国烹饪讲究色、香、味、形。其加工工艺包括切、剁、劈、剔等，烹饪技艺丰富多样，主要有煎、炒、炸、烹、烧、烤、焖、炖、煨、蒸、酱、熏、拌腌等。湘菜技法早在西汉初期就有羹、炙、脍、濯、熬、腊、濡、脯、菹等多种技艺，经过历史的变迁，到现代，湘菜技法中的炖和煨得到与时俱进的改良与发展。煨在颜色层面上分为"红煨""白煨"，在调味层面上则分为"浓汤煨""清汤煨""奶汤煨"等，都讲究小火慢炖，在尽最大可能保持食材原汁原味的同时，又香浓馥郁。有的菜晶莹醇厚，有的菜汤汁清香，有的菜酥烂易化，有的菜软糯浓郁，许多煨出来的菜肴成为湘菜中的名馔佳品。例如"组庵鱼翅"晶莹醇厚，"洞庭金龟"汁纯滋养等，均为湘菜中的精品菜肴。

5.4.3 索引分析

索引（concordance）功能可以帮助搜索特定的关键词并查看该关键词所在的上下文。通过这种方式，可以查看搜索词在文中与其他词的搭配关系，从而使读者更好地发现文本中某种或某些规律。下面从不同维度在洞庭湖民俗文化菜单平行语料库中进行搭配检索，从多个角度阐述洞庭湖区菜肴的特点。

1. "肉"的检索与翻译

人们日常入菜的肉类主要为畜肉和禽肉，畜肉主要来源于猪、牛及羊等家畜，禽肉主要来源于鸡、鸭及鹅等家禽，根据《汉语大字典》的注释，"肉"有11个义项，分别为：

①供食用的禽兽肉；②人的皮肤、肌肉和脂肪层；③蔬果可食部分；④使长出肉；⑤吃肉；⑥歌声；⑦外层，外表；⑧中间有孔的环状物的体部；⑨乐音洪美；⑩（方言）形容软弱；⑪（方言）形容动作迟缓。虽然"肉"有11个义项，但和本研究相关的义项只有①和③，表达了供食用的禽兽肉和蔬果可食用部分的意义。只有这两个义项的原因主要是洞庭湖区自古就以农业经济为主，果蔬肉属于"农产品"类别，容易获取，在食物

类别中不属于高端食物，禽兽类的肉相对较难获取，特别是在生产力不高的农耕时代，禽兽类主要是小农经济家庭饲养，产量低，故"好酒好肉"款待宾客是我国的待客之道，其中的"肉"就指"禽兽之肉"。许多植物性果肉的"肉"类名称中不带"肉"如"南瓜""荔枝"，而非"南瓜肉""荔枝肉"；洞庭湖民俗文化菜单平行语料库的库容量不大，不足以囊括"肉"的"蔬果可食部分"。因此，本研究主要围绕义项"供食用的禽兽肉"展开检索。语料库中出现水产类的"肉"，如鱼肉、蛙肉等，也在研究的范畴之内。通过对语料库中汉语关键词"肉"的检索，共搜索到268道带"肉"的菜肴，符合条件的结果如图5.15。

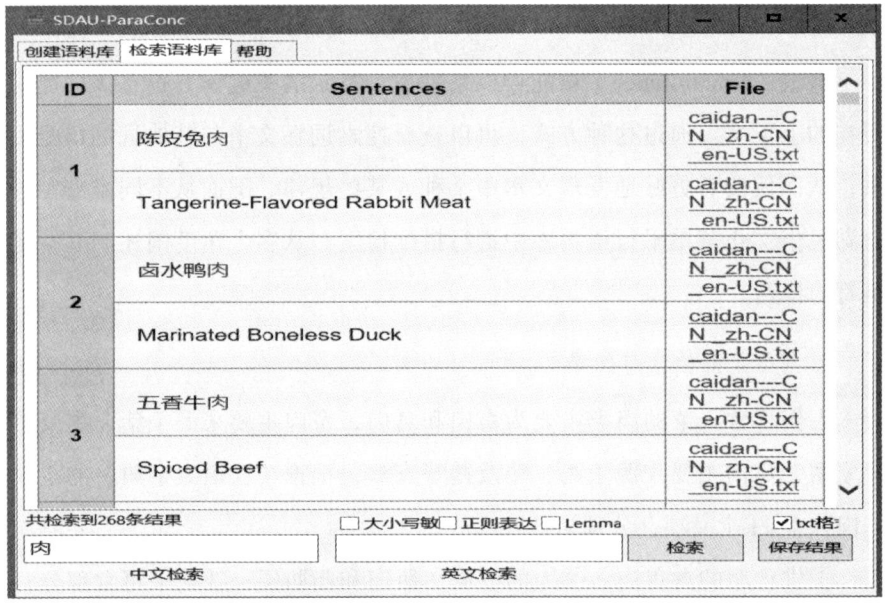

图5.15 洞庭湖民俗文化菜单平行语料库中"肉"词频情况

由于搜索"肉"，只能搜索到菜单里面带"肉"字的菜名，按照"肉"字的菜名统计肉食类菜肴，具有统计的不完整性，故这268条记录不能涵盖所有含肉类的菜肴，语料库总共约有637种菜肴及酒水饮品，比较可行的统计是按照猪肉类菜肴、牛羊狗肉类菜肴、鸡鸭鹅肉类菜肴、水产品肉类菜肴及其他菜肴，按照这五个种类进行统计分析，可以基本看出洞庭湖区的膳食结构分布，具体请参见以下猪肉类分类频数统计表及牛羊狗肉、鸡鸭鹅肉、水产品肉类及其他肉类分类频次统计表（见表5.2和表5.3）。

表 5.2 猪肉类分类频数统计表

类别	频次	类别	频次	类别	频次
肉丝	41	肉	25	五花肉	2
肉片	26	肉饼	10	回锅肉	8
肉丸	14	腊肉	4	瘦肉	2
肉丁	8	鲜肉	10	肉末	6
生肉	1	肉松	2	米粉肉	1
酱肉	9	卤肉	6	咸肉	5
炸肉	3	肉排	8	烤肉	5
东坡肉	4	扣肉	6	红烧肉	10
里脊肉	1	肉酱	2	肉汁	2
小计	107		73		41
合计			221		

表 5.3 牛羊狗肉、鸡鸭鹅肉、水产品肉及其他肉类分类频次统计表

牛羊狗肉类		鸡鸭鹅肉类		水产品肉类		其他肉类	
分类	频次	分类	频次	分类	频次	分类	频次
狗肉	16	鸡肉	23	蟹肉	10	兔肉	3
羊肉	35	鸡柳	3	虾肉	6	鹿肉	1
羊肉串	5	鸭肉	4	鲍鱼	3	蛭肉	2
涮羊肉	1	鸭肉卷	1	贝	8	驴肉	4
羊肉串	1	鹅肉	3	生蚝	2		
牛肉	162	鸡杂	3	鱼肉	21		
小计	220		37		50		10
合计			317				

根据表 5.2 和表 5.3 的数据，猪肉类在菜单中占比 34.69%，牛羊狗肉占比 34.53%，其中牛肉占比 25.43%，鸡鸭鹅肉占比 5.8%，水产品肉类占比 7.84%，其他类菜肴占比 17.14%。从以上检索数据分析可见，洞庭湖生态经济区菜肴中的"肉类"以猪肉与牛羊狗肉类为主导，水产品特别是海产品肉类菜肴相对较少，肉类以外的菜肴占比 17.14%。详见图 5.16。

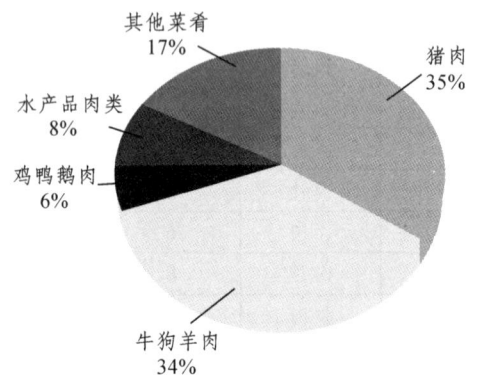

图 5.16 洞庭湖区肉类及其他菜肴比例

根据菜单平行语料库关于"肉"的检索分析，发现与"肉"相关的翻译方法技巧有如下几种：

（1）动物名称替代肉类名称。

在英语表达中有一部分"肉"类的表达就是动物本身的名称，可以直接用动物的名称替代动物的"肉"。例如，chicken（鸡肉、鸡）、duck（鸭肉、鸭）、lamb（羊肉、羊）、rabbit（兔肉、兔）。大部分水产品的"肉"就用水产品本身的名称替代，例如，lobster（龙虾）、crab（螃蟹）、finless eel（黄鳝）、fish（鱼肉、鱼）、lobster（龙虾、龙虾肉）等。

（2）动物名称和"肉"表达不一致的情况。

这种特殊情况的出现与历史进程有关，1066 年诺曼人征服英国，当时很多法语词汇进入了英语之中，这些不同的表达主要是体现盎格鲁-撒克逊人和法国征服者之间的阶级差异。当动物在畜舍或农场里面时，它们保留了旧英文名称：calf（牛犊）、sheep（羊）、cow（牛）和 pig（猪）。但是当它们被加工成食物端上餐桌时，就会使用英文版的法语单词：beef（牛肉，法语 beouf）、mutton（羊肉，法语 mouton）、veal（牛犊肉，法语 veau）及 pork（猪肉，法语 porc）。

（3）名词或形容词加"肉"类词。

在同一种肉类中，根据肉出自动物不同的部分，会有不同的命名，如五花肉、瘦肉、里脊肉等，这就需要用名词或形容词加"肉"类词来进行翻译。例如：排骨（pork ribs、spare ribs）、白肉（white pork、white meat）、五花肉（streaky pork）、里脊肉（tenderloin、pork fillet），等等。

（4）以刀法加"肉类"或者形状加"肉类"。

在洞庭湖区菜肴的加工过程中常用的刀法有：切片（slice）、切丝（shred）、切丁（dice）、切柳（fillet）、切碎（mince）、捣烂（smash）、酿入（stuff）等。常用的形状有：丝（shredded）、丁（diced）、末（minced）、丸 ball、肉馅 meat filling 等。常见翻译组合有：肉丝 shredded pork、酿田螺 stuffed snails、鱼片 sliced fish、鸡丁 diced chicken 等。

（5）烹饪加工方法加"肉类"。

中餐的烹调方法约有 50 多种，主要方法有：煮（boiling）、煲/（stewing）、烧/焖/烩（braising）、煎（frying）、炒（stir-frying）、爆（quick-frying）、炸（deep-frying）、扒（frying and simmering）、煸（sautéing）、煨（simmering）、熏（smoking）、烤（roasting/barbecuing）、烘（baking）、蒸（steaming）、白灼（scalding）等。采用这种翻译方法的菜肴有：火爆腰花（Sautéed Pig Kidney）、炒鸡丁（Stir-Fried Chicken Dices）、煨牛肉（Simmered Beef）、干煸鳝鱼（Sautéed Eel Slices）等。

肉类菜肴是我们日常餐桌上的主要菜肴，种类多，分类细。以上基于洞庭湖生态经济区民俗文化菜单平行语料库对"肉"类菜肴进行了检索分析，统计出了洞庭湖区肉类菜肴的结构比例，探讨了"肉"菜肴的基本翻译方法。通过对语料库的检索分析可以多视角地研究菜单这一较特殊文本的翻译特征，分析出隐藏在语料背后的多种信息。

2. "辣"的检索与翻译

在洞庭湖民俗文化菜单平行语料库中对"辣"进行检索，共检索到63条记录（见图5.17）。

图5.17 洞庭湖民俗文化菜单平行语料库中关于"辣"的检索图

在整个语料库中，"辣"在索引定位条码上贯穿菜单语料库的始终，可见在语料库的分析中可以很好地验证湘菜"无椒不成菜"的说法（见图5.18）。

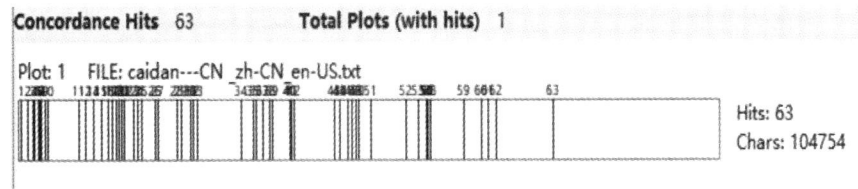

图 5.18 "辣"的索引定位条码

再对"辣"进行"麻辣""香辣""酸辣"及"辣子"的分类检索，结果见图 5.19。

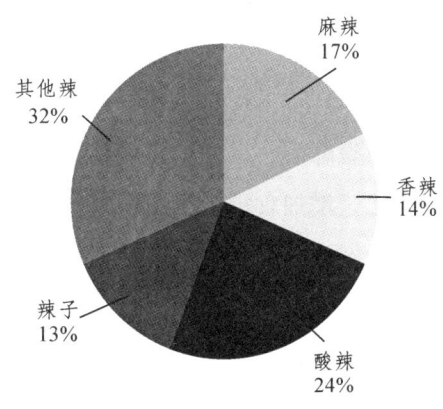

图 5.19 "辣"菜结构图

根据图 5.19 可以看出，湘菜的辣主要以酸辣为主，其次是"麻辣"和"香辣"。

在洞庭湖民俗文化菜单平行语料库中对"辣"进行检索，可以很好地验证包括洞庭湖区在内的湖南人能吃辣的说法，同时也可以结合历史及地理知识分析湖南人"喜辣""嗜辣"的原因。

湖南人以吃辣椒而名闻天下，几乎到了"无椒不成菜"的程度。湘菜不论是炒、烧、蒸、煎、炖，还是烹、煮、煲、焖、炸以及凉拌都以辣椒作为佐料入菜调味。

湖南人之所以能吃辣，主要与湖南省所在的地理环境有关。湖南位于长江南边，属亚热带季风性温润气候。在冬季，北方寒流频频南下，造成细雪冰霜，气候湿冷；在夏季则多为低纬度海洋暖湿气团所影响，温高湿生，天气闷热；春季多夜雨，常连绵数天，占全年雨天的70%以上；秋天虽然寒气不重，但也比较清冷，空气湿度高；加之湖南地形特殊，即东、南、西三面环山，北面为洞庭湖区，地势低平，中部为不断蒸腾的湘、资、沅、澧四水流经的河谷地带，地形如马蹄。由于以上气候和地形条件，湖区及河谷地区的潮湿空气外流不畅，使湖南成为一个高湿区，月平均相对湿度近于90%，人民的日常生活常常受到夏天和冬天的高湿的影响。

辣椒的主要功效是祛风除湿、发汗、健胃，因而吃辣椒可以驱寒，促进血液循环与排汗，在闷热环境里增添凉爽舒适感。湖南人爱吃辣椒是为了冬天避寒保暖，夏天消暑降温，用辣椒来减轻潮湿气候对身体的影响。另外，吃辣椒可促进消化，增加食欲，也有助于防止凉季高湿期内人们患风湿病、腰肌痛等病症。湖南人喜欢吃辣椒是人们长期以来为适应湖南特殊气候而采取的一种简便有效的饮食措施。

酸辣主要有"vinegar-pepper"和"sour and hot"两种译法。从外国朋友品湘菜的情况来看，他们对"麻辣"或"香辣"的区分体会不足，认为区别只在辣味的厚重、寡淡而已。因而，英语表达其实区别不大，但是一定要区分的话未尝不可。辣椒的辣味英语常用hot或者pungent一词表示，"香辣"建议用spicy或者piquant表示。需要指出的是，piquant的英文含义是having a pleasantly sharp taste，翻译为"香辣"较为合适。而"麻辣"建议用"hot and spicy"表达，如麻辣小龙虾可译为"hot and spicy crayfish"。

3. "鱼"的菜名翻译

广袤的洞庭湖孕育了丰富的生物，其中以鱼类为最，湖内现有鱼类113种，分属11目22科，其中102种是与长江上游共有的，鮠科鱼类65种，鲍科 10 种，鳅科 9 种，鳍科 6 种，银科 3 种，鲇科、鳗科各 2 种，其他 16 种。鱼产量达 15 000 至 30 500 吨，主要经济鱼有青鱼、草鱼、鲢鱼、鳙鱼、鲤、鲫、赤眼鳟等。一方山水养一方人，洞庭湖渔产丰富，使得鱼自古以来成为洞庭湖一带百姓餐桌上不可或缺的美食。在旧社会，洞庭湖区有"十年九涝"的说法，洪灾经常导致环湖的居民颗粒无收而闹饥荒，但在洪水退去后，农田中却出现"遍地是鱼"的景象，当地居民只能以鱼为食，久而久之当地居民便精通鱼类的各种烹调方式。

对洞庭湖民俗文化菜单平行语料库进行检索，查找到了 328 条关于"鱼"菜肴的检索结果（见图 5.20）。

图 5.20 洞庭湖民俗文化菜单平行语料库中有关"鱼"的检索图

值得一提的是，"鱼"在索引定位条码上几乎贯穿菜单语料库的始终（见图 5.21），由此验证了流传于洞庭湖的一句谚语——"春鲶夏鲤，秋鳜冬鳊"，说的是各个季节，吃不同种类的鱼。

图 5.21 "鱼"的索引定位条码

"洞庭天下水,巴陵天下鱼。"岳阳鱼肴久负盛名,其中最有代表性的莫过于"巴陵全鱼宴"了。巴陵全鱼宴的菜品中,最有名的是竹筒鱼、松鼠鳜鱼、红煨乌龟、藕丝银鱼、冰冻鱼胶、清蒸全水鱼、蝴蝶飘海、松子鳝鱼等菜肴。

全鱼宴中的代表性菜肴翻译如下:全鱼席(All-fish Feast)、酱蒸鲴鱼(Steamed Catfish with Soy Sauce)、红煨龟鱼(Stewed Turtles with Brown Sauce)、藕丝银鱼(White-baits with Lotus Root Slices)、葱煎鳊鱼(Fried Breams with Shallot)、瓦块鲤鱼(Tile-shaped Carps)、香酥鲫鱼(Crisp Fried Crucian)、冰冻鱼胶/水晶鱼冻(Fish Aspic)、黄焖鲩鱼(Stewed Grass Carp)、油炸青鱼(Deep-fried Black Carp)、清炖鳅鱼(Stewed Loaches in Clear Soup)、蘑菇鳝鱼(Braised Eels with Mushrooms)、清蒸(全)水鱼/蟹(Steamed Whole Turtle in Clear Soup)、竹筒蒸鱼(Steamed Fish in Bamboo Tube)、金鱼戏莲(Gold Fish Playing Lotus)、五彩鱼松(Multicolored Shredded Fish)、银针鸡汁鱼片(Stewed Fish Fillet with Chicken Sauce)、青豆虾仁(Fried Shrimps with Green Peas)、鸡蓉鲴鱼(Catfish Tripe with Chicken Cream)、麻辣鱼脆(Spicy and Crispy Fish)、鱼脂湘莲(Sweet Mashed Fish with Lotus Seeds)、冬萝鱼夹(Winter Bamboo Shoots in Fish Box)、荷花鲜鱼唇(Lotus-shaped Fish Lips)、鱼面银丝卷(Steamed Rolls of Fish and Flour)、蝴蝶飘海/才鱼飘海(hotpot of snake headed fish, slices as butterflies out of the soup)。

在洞庭湖生态经济区民俗文化菜单平行语料库中,最有文化底蕴、形象生动的代表性"鱼"菜肴名,莫过于"子龙脱袍""蝴蝶飘海"。

"子龙脱袍"又名熘炒鳝丝,此菜选用拇指粗鳝鱼为主料,去其皮再烹制,菜品中除了鳝鱼还用到了木耳、青椒和红萝卜来配色。此菜色泽艳丽,白、绿、褐、紫四色相映,咸香而鲜,滑嫩适口。鳝丝鲜嫩,香辣爽滑。因鳝鱼在制作过程中需经破鱼、剔骨、去头、脱皮等工序,特别是鳝鱼脱皮,形似古代武将脱袍,故在此用了"子龙"。在文化层面上,由"子龙"可以联想到"白马银枪"白袍战将赵子龙。另因为鳝鱼在岳阳当地俗称"小龙",故将此菜取名为"子龙脱袍"。子龙脱袍的菜单可以翻为:"Little Dragon Taking off His Robe(Sauted Eel in Sauce)"。

"蝴蝶飘海"主要食材为洞庭财鱼肉,斜刀法片鱼,横向片成薄片,片鱼时应注意保留两侧皮肉的红色血脉,摆盘时让红色血脉正好留在两片鱼肉连接的中间,像蝴蝶的身子。先以鸡汤、鱼头、鱼骨、鱼皮制成的汤汁倒入七星炉,将鲜银鱼倒入火锅汤中,眼见洁白晶莹的小银鱼随沸汤上下翻滚,有如银棱织锦,又似银箭离弦,令人瞩目,辅以白菜心、香菇、冬笋、豆苗尖等配菜。食用者用筷子夹上生鱼片,一片片地从左边投入七星炉,鱼片伴随滚汤向右边荡去,氽熟后雪白微曲,加上中间的红色血脉,俨如栩栩如生的蝴蝶,在豆苗辉映的碧绿"海涛"中翩翩起舞,煞是美观。故可以试将"蝴蝶飘海"翻译为"Butterfly Fluttering Across the Sea(Fish Slices as butterflies out of hotpot)"或"Hotpot of snake headed fish, slices as butterflies out of the soup"。

总之,构建一个语言准确、针对性强、语境丰富、检索便捷的洞庭湖生态经济区民俗文化平行语料库,有助于规范洞庭湖民俗文化翻译文本(包括景区简介、网站介绍、宣传册推介等),提高洞庭湖生态经济区民俗文化翻译质量,提升洞庭湖生态经济区的外宣能力,进而增强区域文化软实力，推动区域经济快速发展。但构建一个系统全面的民俗文化平行语料库是一个长期且复杂的工程，这需要各级政府、文化部门的大力支持，需要文化学者、民俗专家、翻译传播学者及文化翻译工作者们的共同参与。

第 6 章
归化异化视域下洞庭湖生态经济区民俗文化翻译策略

6.1 洞庭湖生态经济区民俗文化翻译困难分析

6.1.1 民俗文本资料整合困难

由于洞庭湖生态经济区的民俗资料大多散落在民间，获得民俗文化相关信息和资料的方式主要是通过老辈人的讲述或者口口相传等，博物馆、图书馆能查阅的资料有限，存在资料不全、收集困难的情况，而且现存的相关文字信息、图片资料以及视频外文资料或中外对照的资料等相对较少，从而导致在实际外宣翻译过程中，译者对于相关民俗文化的了解不够透彻，很难把握湖区各类民俗的真正内涵，加大了洞庭湖生态经济区民俗文化对外翻译的难度。

6.1.2 口语与方言化程度高

民俗文化既具有一般文化的共性，又具有其自身的特点，即民俗的传承和沿袭以口头为主。美国民俗学家理查德·多尔逊教授（Richard Mercer Dorson）认为："民俗是口头的、传统的和非官方的民间文化。"我国民俗学者董晓萍认为："人类有两种文化，一种是文字文化，一种是说话文化，民俗是说话文化。"（董晓萍，2002）[1]这反映出民俗语言具有很强的口语化特点。由此，在翻译中就应该准确把握措辞典雅与通俗的尺度，注重措辞与语气的问题。如：国家级非物质文化遗产"洞庭渔歌"是湖湘文化的重要组成部分，是水泽文化的根基，其演唱语言巴陵土语是一种特色鲜明的语言，属汉语系范畴。洞庭渔歌《扯起风帆把哥望》中的唱词"妹想哥来泪汪汪，看不见哥哥把心伤，不知道哥哥在何方，扯起个风帆把哥望，劝我的妹妹莫心慌，哥哥不是负心郎，我今打鱼回家转，夫妻恩爱望久长"富有韵律，通俗易懂，朗朗上口。地花鼓关于湘莲与爱情的唱词"采莲船儿两头尖，姣莲姐坐在船中间，鼓眼莲蓬摘一个，留给情郎哥好堂鲜""莲逢湖岸边风飘飘，后生哥脸上发火烧，想吃莲蓬怕开口，怕得娇莲姐戳竹篙"等，反映了民间青年男女的爱情，生活气息浓厚，妙趣横生。这两种唱词中的"哥"均指青年男子，而不论是"姐"还是"妹"都指的是青年女子，因此若把歌词中的"哥""姐""妹"直译为"elder brother""elder sister"和"younger sister"不仅不能表达唱词中描写的青年男女爱情，恐怕还会引起外国受众的误解。

各类民俗文本中包含着大量的方言词汇，正是这些词汇生动地体现了民俗文化的民族性、地方性和亲民性的独特气质。但"由于各语言和文学使用方言的传统不同，同时也由于方言本身所具有的文化内涵的差异，这些功能往往很难在译文中加以体现"（韩子满，2002）[86]。如：常德的三棒鼓源自民间，它的大量剧目、唱词都是以通俗易懂、朴实简练、土话与韵白相结合的语言来表达的，群众喜闻乐见。很多唱词具有诙谐幽默的特点。有夸赞姑娘的唱词"我把眼睛澈（Sa），看到一姑儿，姑儿一对好辫打（Der），人人都爱她"；有对围观小孩调侃的唱词"刚刚敲响锣，来了一窝砣，就像母猪下地儿，个个黑脑壳"这里的"一窝砣""黑脑壳"押韵且形象，如何在翻译中译出"韵味"还要保留其原有的意象，恐怕要让译者费一番心思了。

此外，三棒鼓中的唱词中也穿插了许多洞庭湖区广为流传的歇后语，如"三九天的萝卜——动（冻）了心""丝瓜瓢子落水——搞不成（沉）""外甥打灯笼——照旧（舅）""半夜里吹唢呐——哪里哪里（哒嘀哒嘀）"等。这些歇后语一语双关的效果在翻译时着实难以把握，甚至可以说是不可译的。

6.1.3 文化负载词多

"文化负载词（culture-loaded words）又称词汇空缺（lexical gap），即原语词汇所承载的文化信息在译语中没有对应语。"（包惠南，2004）[10] 文化负载词又称文化独特词、文化内涵词，它深深打上了某一语言社会的地域和时代烙印，是表示某一种文化所特有的事物和概念的词（词组）。这类词不仅承载了丰富的文化内涵，且"只存在于某一种文化中，在另一种文化中是空白的"。洞庭湖生态经济区民俗文化中有大量的文化负载词，它涉及范围很广，包括民间传说、民间工艺、民间曲艺、民间文学、民间活动等多个方面。如：洞庭湖渔民信仰和崇拜的水神"湘妃""洞庭王爷""杨泗将军"；洞庭湖人民崇拜尊敬的文化名人"屈原""范仲淹"；洞庭湖人民喜爱的音乐与戏曲"洞庭渔歌""常德丝弦""巴陵戏""地花鼓"；还有洞庭湖人民爱吃的传统美食"粽子""发糕""擂茶"……这些名词的含义只存在于中国的语言文化中，是独一无二的，在英语中找不到现成的对应词语；而"银鱼""莲子""辣妹子"虽然可以直译出来，但由于中西方文化差异，直译后所蕴含的文化意义却大相径庭，甚至可能会引发误解。

洞庭湖生态经济区在历史背景、地理环境、社会习俗、宗教文化、意识形态等方面的独特性造就了大量"我有你无"的民俗文化负载词，由此给对外翻译带来了重重困难，也造成了向不同国家、不同民族、不同风土人情的受众传播和沟通的重重障碍。翻译活动是一种跨文化的交际活动，因此文化负载词在翻译实践中往往具有一定程度的不可译性。翻译时应该采取何种策略，才能既有效地把这些文化负载词的真正内涵意义传达给译语读者，又保持民俗文化的特殊身份，值得研究。要让外国受众了解为什么"贵州人不怕辣、四川人辣不怕、湖南人怕不辣"，明白为什么"湘女多情"，领略"金丝鲤鱼装满舱""芙蓉又飘香，藕尖为谁留"的意境，感受屈原对洞庭湖区人民过端午的深远影响，对于文化翻译工作者来说任重道远。

6.2 洞庭湖生态经济区民俗文化翻译原则

6.2.1 遵从"外宣三贴近"原则

中国外文局原副局长、总编辑黄友义曾撰文提倡在"中译外"工作中坚持"外宣三贴近"原则，即贴近中国发展的实际，贴近国外受众对中国信息的需求，贴近国外受众的思维习惯。"外宣三贴近"原则就是指译者在翻译过程中，始终清楚地知道翻译的根本目的是让目的语受众贴近尽可能多的源语信息，加强理解，理解本意，从而最大程度地理解译文的真正含义，让翻译的目的落到实处。该原则是当前"向世界讲好中国故事、传播好中国声音"新形势下，对外翻译工作者所应坚持的指导思想和基本原则，是翻译实践中的方法论。民俗文化翻译是典型的对外宣传，"外宣三贴近"原则同样适用于洞庭湖生态经济区民俗文化的对外翻译工作。

1. 贴近中国发展的实际

对于洞庭湖生态经济区民俗文化翻译工作而言，"贴近中国发展的实际"就是贴近洞庭湖生态经济区发展的实际，就是要实事求是地反映区域内千百年来保存下来的多姿多彩的物质遗产、精神遗产，反映湖区人民现实的文化生存状态等。具体来说，民俗文化的译本要忠实于中华民俗本身的文化个性和民族特性，要准确地传达民间一砖一瓦、一箪一瓢、一咏一觞背后的文化内涵。这与费米尔目的论框架下的"忠实法则"含义有相似之处。

"不同的民俗文化存在着明显的差异,这种差异就是文化个性或民族特性,就是民俗文化固有的文化身份。正是这些民族个性才构成了独特的民族特色文化,形成了世界文化的多元性,因而也是文化中最珍贵的部分,是译者在翻译过程中应予以最大限度保留的部分。"(蒋红红,2017)[53]
"翻译工作在某种意义上像外交工作,要善于存异求同,既尊重别人又尊重自己。这应该成为处理文化关系的一个基本原则。"(许崇信 1991)[29]在洞庭湖生态经济区民俗的翻译上,要处理好文化身份问题,具体表现在要避免以他国、他乡的民俗替换、篡改洞庭湖民俗。翻译工作者不能随心所欲地把其他国家、其他民族或其他地区的民俗移植到洞庭湖区民俗中来,否则就会造成文化身份模糊、错位的后果。而应遵循"求同尊异"的原则,尊重洞庭湖民俗文化,尽量保留原语中的语言和文化信息,唯有如此才能保证洞庭湖民俗的核心价值不受到侵犯,使我国民族特色文化在翻译中得以再现,促进中外文化的交流和互动。

例如:由于中国自古以来就是农耕社会,天气和土地是农业的两大支柱,因而中华民族自古以来就崇敬天地,认为"天"是至高无上的存在,称之为"天公",认为"地"像母亲哺育婴儿一样给人类带来食物和生命所需的一切,称之为"地母"。人们对天地的崇拜体现在诸多民俗中,如:旧社会几乎每个村子都有一个供奉土地爷的土地庙;湖区渔民捕鱼前要占天、占云、占风;结婚典礼上要"拜天地"等。此外,汉语中与天地相关的成语更是不胜枚举:"谢天谢地""天诛地灭""天罗地网""天经地义""开天辟地"……而英语民族大多信仰基督教,上帝是他们心中最高的神。如一味迁就译语受众,不假思索地把"土地庙"译为"church",把"土地爷"译为"God"或"Jesus",把"谢天地"译为"Thanksgiving",把"谢天谢地"译为"Thank God",显然,译语中"天""地"背后深厚的中华文化内涵已然丧失,又何谈"贴近中国的实际"呢?

2. 贴近国外受众对中国信息的需求

英语中"民俗"（folklore）一词的"民"即民众，民俗的"俗"即通俗，由撒克逊（Saxon）语中的 folk 和 lore 合成。民俗就是通俗的民间文化。民俗文化最显著的特征就在于它的"亲民性"，这也是民俗文化最有魅力的地方，比如洞庭湖生态经济区常见的捕鱼、采莲、挖藕、摘菱角、擂茶制作、玩龙舞狮、唱花鼓戏、龙舟竞技赛等民俗活动让人返璞归真、流连忘返，都是国外受众感兴趣的亮点。民俗文化翻译传播的受众一般是来华游客，他们大多通过参观游览博物馆、文化馆、民俗特色村寨、历史文化街区等来体验我国的民俗文化，或是通过 WeChat、Tiktok、Facebook、YouTube 等网络自媒体来了解他们感兴趣的中国民俗。国外受众作为旅游经济中的消费者，他们对民俗信息的需求是全方位的，但也有特别的兴趣点，这是我们选择民俗文化翻译主题的关键所在。选错了主题，没有了目标受众，翻译就是一种浪费。然而，现实中由于有许多民俗文化文本作者不大可能考虑到外国受众的需求，真正可以直接用来翻译并提供给普通外国受众阅读的材料并不多见，直接翻译出来能让国外受众读懂的也不多。

如：某政府英文网站在介绍长乐故事会之前有一段关于其发源地——长乐古镇的介绍："Changle is an ancient town with a history of one thousand years. It is located in the northeast of Hunan's Miluo City, at the foot of picturesque Zhifeng Mountain, and in the north of famous Miluo River. It is adjacent to 107 and 108 national highways in the west. Lying at the junction of Pingjiang, Miluo and Yueyang counties, it functions as the political, economic and cultural center of a dozen surrounding towns and townships. The town was once part of the territory of Luozi Kingdom in the Spring and Autumn period (771–476 BC), and an old city under the jurisdiction of Yuezhou in Southern Liang Dynasty (502–557). It was dubbed as 'little Nanjing in northern Hunan' because of its primitive architecture of 'Huilongmen' in which stories of Qu Yuan were recorded, ancient granite streets, breathtaking architecture, outstanding talents, and pristine folk customs."（注：官网上没有与该段介绍对应的中文源文本）。这里花了大量的篇幅介绍长乐镇的地理位置和历史沿革，单是文中连续出现的多个地名和朝代名，就足以让不了解中国历史的国外读者头疼一阵了，试想他们还有心情去了解长乐故事会的核心内容吗？在对外翻译工作中必须明确，应当是先有合适的选题与选材然后才有翻译。鉴于民俗文化原文本在创作时并不一定考虑该文本会被人翻译，在对外翻译的过程中，有必要首先在分析各种原文本的基础上重新构建翻译的源文本。对民俗文化原文本进行解读和重构，选择国外受众最想了解的、最感兴趣的、最有生活气息的民俗内容翻译，才是最大限度地"贴近国外受众对中国信息的需求"。

3. 贴近国外受众的思维习惯

黄友义认为，"对于从事外宣工作的翻译人员来说，最应该注意的是要潜心研究外国文化和外国人的心理思维模式，善于发现和分析中外文化的细微差异和特点，时刻不忘要按照国外受众的思维习惯去把握翻译。"（黄友义，2004）[27]

一个民族的思维方式不仅影响个人的交际形式，同时还会影响其他民族的反应，影响译入文化对原语文化所持的态度：是赞成、欣赏还是贬低、排斥。翻译活动的基础是人类思维规律的共同性，翻译的本质是不同思维形式的转换。因此，在民俗文化对外翻译过程中，必须按照目的语国家或民族思维方式的特点，调整语句结构，以符合国外受众的语言表达与接收习惯。"最好的外宣翻译不是按中文逐字逐句机械地把中文转换为外文，而是根据国外受众的思维习惯，对中文原文进行适当的加工，有时要删减，有时要增加背景内容，有时要将原话直译，有时必须使用间接引语……"（黄友义，2004）[27]

长期以来中国人习惯用形象思维去看问题。反映在写作中，为了使文章鲜明、生动，多用比喻、对仗等修辞手法，在遣词造句上，辞藻华丽，对仗工整。相反，西方民众习惯用抽象理性的思维方式分析事物，反映在语言表达形式上，英语呈现出重形式、重写实、重理性的特点，形成了句式构架严整、表达思维缜密、行文逻辑理性、用词简洁自然、描述突出直观可感的风格。

如下是一段关于巴陵全鱼席的介绍：

[1] 全鱼席造型千姿百态，栩栩如生；其色斑斓多彩，赏心悦目；其香浓醇厚美，风味隽永；其味鲜嫩适口，回味绵绵，充分展现了滨湖流派菜肴的风味特色，是湘菜技艺中一颗璀璨的明珠。

译文：Being regarded as a shining star in Xiang cuisine, "All-fish feast" is varied and lifelike in shape, bright and pleasing in color, mellow and savory in flavor, and fresh and tender in taste, which expresses the flavor of the Lake District to the upmost level.（谢倩译，2015）

例[1]原文中使用诸如"千姿百态""栩栩如生""斑斓多彩""赏心悦目""风味隽永"等四字成语或四字短语来形容全鱼宴的精美绝伦，十分注重语言美与意境美，遣词造句处处可见深厚的功底。此处描写充分体现了汉语重意合和句子多呈竹状结构的特点。英语重形合，且句式组织多呈树状结构。因而译者在句法组织层面，将全鱼宴的信息要点进行了形式上的规整，省略了冗余的评述部分，译为"varied and lifelike in shape, ...in color, ...in flavor, ...in taste"，衔接紧密，结构紧凑，符合英语行文习惯。译者还将"是湘菜……的明珠"译为"Being regarded as"，用分词作状语置于句首，"充分展现……"作为定语从句置于句末，使句子的各部分有机结合，形成树状结构，符合译语国家读者的阅读习惯和思维习惯。通过这种处理方式，译文读者可以在简练直白的文字中感受到湘菜菜肴对色、香、味、形的讲究，以及滨湖流派全鱼宴在湘菜中举足轻重的地位。

又如："辣妹子"一词家喻户晓，主要指湖南女子，也称湘妹子，有双层含义：一是形容湖南女子吃辣椒非常厉害，再辣的辣椒都能吃；二是形容湖南女子性格直率热情。在网络词典中普遍译成"spice girl"或"bold girl",这样的直译会让国外受众联想到穿着火辣、拥有姣好身材和美丽容貌的女孩,或是英国的女子组合——辣妹合唱团(Spice Girls),而真正的本土含义却未能传达出来。

6.2.2 遵从"简明与口语化"原则

所谓"简明"原则是指译语用词与语体的简单明晰,避免晦涩难懂的术语,少用长句、复杂句。刘勰在《文心雕龙·议对》中说:"文以辩洁为能,不以繁缛为巧。""译语受众文化层次不一,言简意赅的语言有利于译语受众对中国民俗文化的理解,促进跨文化交流。"(姚丽文,2015)[103]

民俗文化作为"俗文化"的代表,主要来自民间,与作为雅文化代表的诗文等形式本身就有相当大的差异。千百年来,民俗文化主要依赖口头沿袭传承。民俗语言具有很强的口语化特点。因此,在翻译时要力求在译文中保留其口语化、非正式的文体特征,如果一味地像翻译诗文那样去追求语言的"雅",难免与民俗文化的翻译目的相违背。

[2]《永兴县志》曰:"妇女临午饮茶,或用茶叶合油煮之,谓之'油茶',或用碎米合油煮之,谓之'擂茶'。女客至,或煎大馓、花馓,或炒冻米和油茶款之,谓之'茶会'。盖明不用酒也,故俗谓午时为茶时。"

译文:In terms of *Yongxing County Annals*, "when women enjoy tea at noon, they sometimes cook the tea along with oil, which is name as 'oil tea', or boil the second head rice with oil, called 'Lei cha'. Once the female guest comes, people will treat her with Dasan and Huasan (deep-fried noodles-shaped dough), or fry Dongmi (sundried cooked rice) and make oil tea, which is called 'tea party'. Perhaps because women don't drink wine at the party, the time they enjoy the tea is also called teatime."(周叶清译,2017)

例[2]是有关擂茶的文言文介绍,如果也用古体英语来翻译,即便是文体上做到了对等,估计也没有几个普通的英语受众能看得懂。译者在翻译时,用朴实简洁的语言说明了永兴妇女烹制擂茶和用擂茶待客的习俗。并且，在翻译"大傲""花傲"和"冻米"时加了注释，让受众明白了这三样擂茶辅食的性质。

[3] 排水沟和挡水墙残存于制坯间北侧。排水沟宽约40厘米，挡水墙残高约15~20厘米，雨水自东绕过制坯间，向西流往山下。

译文：The gutter which is of 40 cm width and retaining walls which is about of 15-20 cm height survive on the north side of the Adobe Making Area. Rainwater flows from the east bypassing adobe making zone and westward down the hill.

例[3]是有关长沙铜官窑遗址排水沟和挡水墙的介绍。译文中排水沟的宽度和挡水墙的高度描述均用到了which引导的定语从句，无形增加了该句的复杂程度。根据民俗文化翻译"简明与口语化"原则，完全可以直接在gutter和retaining walls后用with短语表示宽度与高度：The gutter with 40 cm width and retaining walls with 15-20 cm height，这样复杂句变简单句，节省了受众的浏览时间。

6.3 洞庭湖生态经济区民俗文化翻译优选策略

最早由韦努蒂（Venuti）提出的异化（Foreignization）和归化（Domestication）是指导文化翻译活动的一贯策略。异化翻译提倡全力再现源语的色彩以便更好地保留源语文化的异国情调，保存异域文化；归化翻译则以目的语文化为归宿，强调运用目的语文化易于接受的表达法，使译文更通俗易懂，更适合目的语受众。杨宪益、戴乃迭夫妇与霍克斯对《红楼梦》中的一句谚语"谋事在人，成事在天"的翻译就是典型的异化与归化的对弈。杨、戴译文：Man proposes, Heaven disposes；霍克斯译文：Man proposes, God disposes。"杨宪益先生利用了一个英语的谚语，但把其中的'God'改成了'Heaven'，从而保留了原有的宗教色彩。霍克斯却直接引用了英语谚语，未做任何改动，这样，他把原文的佛教色彩变成了

基督教色彩。这对英美读者来说当然更为自然、更容易接受。"（郭建中，1998）[15]

民俗文化的翻译不仅涉及语言的转换，还涉及跨文化的沟通，不仅要考虑书面文字的表达，还要考虑不同文化间信息的有效传递和交流。在民俗文化翻译中，不同翻译策略的采用会造成不同的翻译效果，归化异化各有其优势与不足。一般而言，异化翻译有利于保留我国民俗文化的个性，即鲁迅所称的"异国情调"，向世界展示我国传统珍贵的民俗，亦可以激发国外受众（尤其是对中国文化有所了解的国际友人）对各种民俗的兴趣；其缺陷在于：由于异化翻译所包含的源语文化信息过多，容易造成译语晦涩难懂，从而影响到民俗文本的可读性和可接受性，反而会造成国外"粉丝"的流失。归化翻译则因遵循目标语言规范并用目标语文化意象替代源语文化意象，使译文语言或风格接近目标语，进而提高了译语的可读性和可接受性。但归化译法为迎合目标语读者，保持行文流畅，或多或少地会牺牲源语的民族文化或语言特性，这样一来就达不到民俗文化传播的最佳效果。总之，归化与异化在处理民俗文化翻译时，各有利弊。两种策略可以实现各自不同的翻译目的，取得不同的翻译效果。

新时代，中华文化"走出去"已成为中国文化建设的重要内容。习总书记曾多次强调，要讲好中国故事，传播好中国声音，展示真实、立体、全面的中国。民俗文化有着鲜明的文化个性和民族特性，是文化中最为珍贵的一部分，也是构成世界文化多元性的重要因素。文化自信不仅是对中华传统文化创新的自信，还是中华文化对外翻译与传播的自信。

近年来，随着中外文化交流日益频繁，许多汉语音译词语已经被国外受众所接受，并且越来越多的词语或表达方式被收录进外文词典里。除了早期的 jiaozi（饺子）、tou fu（豆腐）、cheongsam（旗袍）、fengshui（风水）、tai chi（太极）、kung fu（功夫）等，还有最新的 goji berry（枸杞）、wonton（云吞）、hongbao（红包）、hutong（胡同）、baijiu（白酒）等。zongzi（粽子）一词虽未正式进入牛津词典，但已被维基百科（Wikipedia）、维基词典（Wiktionary）、《词人》（Wordnik）等权威词典、专业语料库收录，并附上详细的词源、发音、定义、例句等。"端午节"被广泛译为"The Dragon Boat Festival"，仅仅诠释了端午节主要习俗之一——"赛龙舟"。其实，端午习俗除了赛龙舟外，还有吃粽子、插艾挂菖、喝雄黄酒、朝庙、祭龙、祭屈原等丰富的仪式活动。在中华文化"走出去"战略推动下，选用音译加直译的"Duanwu Festival"已越来越被采纳，这种译法也体现了对外传播的文化自信。文化翻译工作者应该意识到：当今世界朝多极化方向发展，各国交往日益密切，提倡文化多元论，作为国际语言的英语越来越显示出对异族文化词语兼收并蓄的发展趋势。译者在翻译洞庭湖生态经济区民俗文化文本时可以大胆地采用异化的翻译策略，选用音译、直译、音译加直译等翻译方法，适时加以注释，在使国外受众理解的前提下最大限度地保留源语的文化特征和内涵，让国外受众感受中国民俗文化的魅力，实现对外传播的目的。

[4] 鱼米之乡

译文1：a land flowing with milk and honey

译文2：a land of fish and rice

洞庭湖生态经济区气候湿润，物产丰富，是国家和湖南省重要的粮食、棉花、麻类、芦苇、水产品等的生产和输出基地，素有"鱼米之乡"的美誉。那么"鱼米之乡"要怎么译呢？目前广泛认可的主要是以上两种译文。"a land of milk and honey"源自圣经，意思是"肥沃而丰裕的土地"，这种倾向于归化的表达容易让外国受众理解和接受，从而拉近外国受众与本土文化的距离，是不错的翻译。而"a land of fish and rice"虽是直译，却能直观体现洞庭湖区的鱼类资源与稻米类产品丰富多样的特色。其实，早在20世纪80年代，由湖南省对外文化交流协会编写的宣传图册《湖南》中就曾将"鱼米之乡"译为"a land of rice and fish"。随着中华文化在全球越来越有影响力，国外许多权威媒体逐渐认可并采用这种异化的表达方式。如在 BBC 纪录片 *Wild China*《美丽中国》第一集的解说中就有这样的例句：The rivers of Zhangjiajie flow northeast into the Yangtze floodplain known as the land of fish and rice。因此，建议在外宣洞庭湖区民俗文化时，不妨大胆译为"the homeland of fish and rice"。

事实上，如果译者所创设的文化语境仍不能顺应读者的认知能力和思维习惯，以致可能造成无法弥补的文化空缺，那么就不得不舍弃原语文本的文化意象，代之以国外受众熟悉的文化意象，以达到跨文化交际的最终目的。在翻译过程中，译者必须与译本不断"商讨"，做出顺应性选择，并在此动态过程中发挥主体性意识，实现双语的成功转换。

根据"外宣贴近三原则"，民俗文化翻译不仅要贴近中国发展的实际，还应贴近国际受众对民俗文化信息的需求，贴近他们的思维习惯，从而增强翻译传播的亲和力和实效性，让译者笔下的中国不仅"可敬""可信"，还"可爱"。因此，针对某些词汇空缺现象，可将原文作归化处理，借用译语相似的表达方式和形象来表达，以便让普通的国外受众易于接受和理解。如"压岁钱"一词中的"岁"与"祟"谐音，过春节长辈送给晚辈压岁钱寓意压住邪祟，岁岁平安。如译为"Yasui money"，不足以传达其中的祝福含义；借用英语国家表示幸福吉祥的习语"lucky dog"译成"lucky money"，就能让国外受众体会到这种特殊民俗礼品的美好寓意。

[5] 银鱼

译文 1：silver fish

译文 2：Dongting whitebait

洞庭湖中盛产鲤、鲫、鳙、鲢、鳊、鳜、银鱼和虾、蟹、龟、鳖、鳝、鳗、鳅、蚌等百余种水产品，其中最小而又最名贵的是银鱼。洞庭银鱼又称面条鱼，呈圆条状，长 3 至 5 厘米，通体透明，洁白如银，无鳞无刺，在国内外都享有盛誉。相传，清雍正、乾隆二帝微服游江南时，均在岳阳品尝过此鱼。1918年在巴拿马国际名产会上，洞庭银鱼被列为世界名产之一。在不少官方宣传册或官方网站上，"银鱼"如译文 1，被直译为"silver fish"。实践证明，此种译法不仅没能准确传达原意，反而适得其反，让国外受众厌恶反感。查阅牛津、朗文词典，silver fish 都是指一种寄生在房屋里不能飞的专食涂胶纸和硬质衣物的银白色昆虫，和鱼没有任何关系。有外语导游选用了译文 2 "Dongting whitebait"，收到了良好的效果。"whitebait"指的一种欧洲小鲱鱼或类似小鲱鱼可食用的小鱼，这种鱼对于欧美人来说是相当熟悉的。如能现场观赏或是配图加上注释"a tiny and transparent freshwater fish, 1-2 inches long, without scale and bone"，国外受众的体验感更佳。在时间与空间允许的前提下，还可将其营养价值及在国内外的美誉加以释译，让国外受众更准确深入地了解这种珍贵的淡水鱼。

"在实际翻译过程中，译者即使在同一译本中也总是交替采用归化和异化策略，使两者互为补充，取长补短，这是不可否认的翻译事实。'互补互依'是异化与归化相互关系的根本，独尊一法而罢黜另一法在翻译实践中都是不现实的。而作为翻译手段的归化与异化的取舍，就应该以哪一种更能促进文化交流为选择标准。"（汤瑞林，2009）[60]

回顾我国文化翻译史，外来文化的输入一直处于强势地位，而民族文化输出则相对较弱，归化翻译一直占据主流地位。我国的民俗文化具有不可替代性。在新时代语境下，面对"中华民族伟大复兴战略全局"和"世界百年未有之大变局"，民族民俗文化的翻译理应彰显其特色，在多元文化交融的背景下保持独立的文化身份和地位，向世界展示中华民族博大精深、源远流长的文明。因此，笔者主张洞庭湖生态经济区的民俗文化翻译应以异化为主，保留地方民俗文化的"原汁原味"，同时注意考虑目的语国家的语言习惯和思维方式，根据实际情况适当采用归化或异化与归化相结合的方式，努力消除对外翻译的"噪声"因素，实现阅读共鸣与期待视野的完美统一，达到促进民俗文化"走出去"和促进中外文化交流的目的。

6.4 洞庭湖生态经济区民俗文化翻译优选方法

"对于译者来说,翻译中最大困难往往不是语言本身,而是语言所承载的文化意蕴。"(张全 2010)[197] 洞庭湖是湖湘文化的发源地,历史悠久,文化底蕴深厚,其中民俗文化更是丰富多彩,涵盖了本地区历史、政治、经济、民俗、宗教、文学、艺术等各个方面。如何将这些丰富的文化因素充分而又毫不失真地介绍给国外受众,是翻译工作者首先要考虑的问题。笔者认为,异化翻译宜采用音译法、直译法、注释法(包括音译加注、直译加注、意译加注)、增译等方法;归化翻译宜采用意译、减译、类比、改译、转换译法。翻译策略究竟趋向异化还是归化,要视具体情况而定。实际上,同一个文本或者同一段文字往往采用两种甚至多种翻译方法才能达到翻译目的。以下将通过从各种民俗文化宣传资料、翻译实践报告中选取的译例,来探讨在异化归化视角下洞庭湖生态经济区民俗文化具体的翻译方法。

6.4.1 直译

直译是既保持原文内容又保持原文形式的翻译方法。直译常常被用来翻译一些术语和成语,有时局限于一些简单句和科技术语翻译。直译可以完全保持原作的风格和民族特色。但直译必须具有可读性,也就是说,译作不会引起读者的误解,并且也不违反表达方式。直译有助于传播我国的民俗文化,使国外受众更加了解中国。

[6] 临湘市羊楼司镇梅池村位于龙窖山腹地,这里是嗡琴戏的发源地,当地群众素有"板鼓不离手,唱戏不离口"之说,(嗡琴戏)被誉为极具地方特色的湘北艺术奇葩,深受湘北地区群众喜爱。去年,梅池嗡琴戏被列入国家非物质文化遗产,梅池剧团被授予"湖南省百佳地方剧团",其代表作《"村官"本是打工仔》采用梅池人物原型创作,并受邀请赴北京演出获特别奖。

译文：Regarded as the cradle of Wengqin opera, Meichi Village of Yanglousi Township of Linxiang City is located in the heartland of Longjiao Mountain. Wengqin opera is so popular with local people that they are said to have no day without playing allegros, beating drums and singing operas. Hailed as artistic art with distinctive local features in northern Hunan, the opera is also well received by the people there. Last year, it was included in national intangible cultural heritage and Meichi troupe was awarded "Top 100 Local Troupe in Hunan". Based on the prototype of local people in Meichi Village, its masterpiece "The Village Official Was a Migrant Worker" was staged in Beijing upon invitation and won the special prize.（某政府网英文版）

[7] 在梅池村，当地群众个个能歌善舞，素有"板鼓不离手，唱戏不离口"一说，500多人口的村庄里，鼎盛时60%以上的群众都会嗡琴戏，六七个群众凑在一起，就能演一台戏，现在会唱嗡琴戏的占全村人口的三分之一。

译文：In Meichi Village, local people were all good at singing and dancing and known as "No day without allegros, drums and operas". With a population of more than 500 people in the village, over 60% of local people could sing Wengqin opera at the prime time. A performance could be staged as long as six to seven people gathered together. However, nowadays only one third of the population knows how to perform Wengqin opera.（某政府网英文版）

嗡琴戏是湘北地区传统的地方戏，其音乐源于具有浓郁地方特色的山歌、民歌、夜歌等曲牌，演的地方事，唱的地方人，说的地方话，拉的地方调。例[6]和例[7]均采用直译的方法推介这一国家非物质文化遗产，既忠实原文，又通俗易懂。尤其是针对原文两次提到的俗语"板鼓不离手，唱戏不离口"，译者巧妙地仿照了英语谚语"No day without a line.（拳不离手，曲不离口）"翻译成"No day without allegros, drums and operas"，生动地表达了当地人对嗡琴戏的喜爱。

6.4.2 注释

1. 音译加注

音译法是根据汉语发音将汉语的词汇依据读音移植到英语中。这种方法适用于具有传统文化特色或表达传统文化意念的词汇的翻译。民俗文化中的人名、地名、特色饮食都可以采用音译的方法。诸如豆腐（tofu）、阴（yin）、阳（yang）、功夫（kung fu）等早被国外受众接受并记入英语词典中。地方民俗文化对于国外受众来说更加陌生，为了避免因独特文化意象或文化意向错位而出现信息意向或交际意图方面的文化亏损，也为了照顾国外受众的理解程度，对于一些特殊的名词和表达可以采用拼音后加解释的方式。

通过音译加注释的方式既可以保持源语言的文化特色，又可以通过释义向国外受众进行解释说明，帮助他们充分了解我国的民俗文化。

[8] 粽子古称"角黍"，最早起源于汨罗，传说是为祭投江的屈原而发明的。

译文：Zongzi (sticky rice dumplings), traditionally known as Jiaoshu (millet angle), was originated from Miluo. A popular belief amongst the Chinese of eating zongzi involved commemorating the death of Qu Yuan, a famous Chinese poet from the kingdom of Chu who drowned himself in the Miluo River.（某政府网英文版）

例[8]中"粽子""角黍""屈原"等词都是中华文化特有的，译者在对原文信息处理时采用了音译加注释方法，这样既保留了这些文化负载词的文化个性，又能帮助国外受众了解粽子这种特色食物和屈原这位爱国诗人。

[9] 发糕

译文1：steamed sponge cake（周叶清译，2017）

译文 2：Fagao (steamed sponge cake, meaning fortune and promotion)（周叶清译，2017）

发糕是以大米为主要材料制成的传统美食，其味清香，营养丰富，尤其适合老年人、儿童食用。因其名字谐音"福高"，象征吉利，深受人们的喜爱。在洞庭湖区，它是必不可少的早餐佳肴。逢年过节，家家户户也喜欢齐聚一堂，做糕、蒸糕，热热闹闹地聚在一起，这便是发糕带来的团聚的幸福感。例 [9] 译文 1 非常恰当和具体，并实现了字面意义上的对等。但是，这种小吃之所以受到湖区人民的欢迎，不仅因为它的外观、味道、营养价值，还因为它被赋予了美好的愿望。显然这层含义在译文 1 中未能传达。译文 2 先用音译说明了此种美食的中文名称，后以行间注释的形式向国外受众展示其简单名称背后的美好寓意，让食客们在品尝中国民间美食的同时，也体会到中华传统文化的魅力。

2. 直译加注

但在很多情况下，原语的文化色彩和文化意向较为独特，直译出来的译文与译文读者的文化预设有差异，为了使原文和译文能够在文化内涵上实现对等，可以添加注释。

[10] 擂茶

译文 1：ground tea

译文 2：smashed tea

译文 3：pounded tea

译文 4：pestled tea

译文 5：Lei Tea

译文 6：Lei Cha

"擂茶"是常德、益阳等地宴请宾客的地方茶品。擂者，研磨也。擂茶，就是把茶叶、芝麻、花生等原料放进擂钵里研磨后冲开水喝的养生茶饮。从外宣网络及有关翻译实践论文中发现直译有例[10]的前四种译法，音译加直译则有译文 5 和译文 6 两种译法。"擂"字体现了该茶的制作特色，最好保留，使用直译更能引发国外受众的好奇心。"擂"可用"smash""pound""grind""pestle"来表达，但这四个词的词义却有所区别。"smash"指把某物击碎或摔碎；"pound"是用很大的力量把某物打成糊状或小块；"grind"是在两个坚硬的表面之间把东西压碎；"pestle"作名词时本就指"杵"，作动词时表示用杵将某物在碗里捣碎。根据擂茶的制作步骤，最精确最专业的表达应该是"pestle"。因此，将"擂茶"直译为"pestled tea"是最恰当的。在此基础上，附上注释"It's a local drink made of a mix of tea leaves, sesame, peanut kernel and herbs. To make it, people put this mix into a large basin and use a long wooden stick to mash them together then get it boiled to drink."将擂茶的主要原料与制作方法简洁明了地传达给受众，定会激发他们尝饮此茶的兴趣。

[11] 沔阳三蒸

译文：Three steamed dishes, Mianyang style

在岳阳君山区的广兴洲镇团年饭必须吃蒸菜，俗称"沔阳三蒸"，即蒸肉、蒸鱼、蒸藕。例[11]直译菜名，让人无法直接辨别主料、配料以及调料，无法了解这里的"Three steamed dishes"究竟指的是什么。因而可以加上行间注释"including the steamed pork, steamed fish, and steamed lotus root"，这样外国食客就明白了沔阳三蒸的"内容"。

3. 意译加注

[12] 相传东汉末年，有一年夏天，刘备带兵巡视武陵（今常德）途中，路过军山铺时，将士泻肚成疾，求医不愈，修山一老中医将祖传秘方"三生汤"献出，全军饮用数次后，不日即愈，这就是擂茶。

译文：For the benefit of Lei cha, there is a story happened at the last years of the Eastern Han dynasty. It is said that one day in the summer, emperor Liu Bei was leading the troops to patrol Wuling (now in the Changde district), but when marching in the town of Junshanpu, all the soldiers had diarrhea without cure. Then, till a senior herbalist took out his secret prescription of "the anti-diarrhea soup (of raw tea leaves, gingers, and rice)", the whole troop recovered after several drink soft it. The mysterious soup was the later Lei cha.（周叶清译，2017）

例[12]中的"三生汤"本就是擂茶的别称，根据上下文语境，被意译为"the anti-diarrhea soup"，体现了其治愈腹泻的功能，同时加以注释 of raw tea leaves, gingers, and rice，让国外受众既了解了"三生汤"的医用功效，又了解了制作"三生汤"的食材。需要注意的是，译文中将"东汉末年"译为"the last years of the Eastern Han dynasty"，将"刘备"译为"Liu Bei"未加任何注释，是否会让不了解中国历史的国外受众犯难呢？

6.4.3 意译

意译，相对直译而言，指根据原文的大意来翻译，不逐字逐句地翻译，做到尽量符合原文意思，语句尽可能照顾原文词义。当音译和直译都无法准确地把原文的文化色彩和内涵表达出来时，不妨分析和推敲词语的深层意思和文化内涵，大胆突破表层文字的樊篱，对原文进行释义处理。例如：牛郎织女般的生活（husband and wife living apart），不入虎穴，焉得虎子（Nothing venture, nothing gained），班门弄斧（Never to teach a fish to swim），挥金如土（Spend money like water），狗拿耗子多管闲事（Mind your own business）情人眼里出西施（Beauty lies in lover's eyes）等成语、俗语的翻译就是成功的意译，让英语受众一目了然；又如端午节（the Dragon Boat Festival）、元宵节（the Lantern Festival）、清明节（the Tomb-Sweeping Day）等重要的传统节日的翻译摒弃了表层字面的读音和意思，根据节日里的主要活动进行意译，使译文读者能够了解主要的节日文化内涵。

[13] 长沙铜官窑……是唐代"海上丝绸之路"的重要支点，是唐代制

瓷"南青北白长沙彩"三驾马车之一。

译文：Changsha Tongguan Kiln… was one of the pivots of the Ancient Marine Silk Road in Tang Dynasty and produced painted underglaze, one of the three most famous porcelains in Tang Dynasty, namely the blue porcelain of Yue Kiln, white porcelain of Xing Kiln and painted porcelain of Changsha Kiln.

例[13]节选自长沙铜官窑古镇有关铜官窑的介绍。此处，有着"唐代制瓷'南青北白长沙彩'三驾马车"的文化信息对于不了解陶瓷历史的国人理解尚且有难度，何况身处异语文化的国外受众。因而，译者在此做了意译处理，将"南青"译为"the blue porcelain of Yue Kiln"，"北白"译为"white porcelain of Xing Kiln"，"长沙彩"译为"painted porcelain of Changsha Kiln"，让国外受众一下明白了这里介绍的是中国唐代三大著名的制瓷基地。需要注意的是，译文中的"produced painted underglaze"实为多余，完全可以删除。而且，"painted underglaze"本身在语法上就是错误的表达方式。

[14] 如无人作陪，让客人"坐冷板凳"，说明主家不懂礼节，客人也不好久留，会借故告辞。

译文：If no one stays chatting with the guest, the guest will feel "being iced out", which tells that the host is impolite and the guest does not feel like to stay longer hence to make up an excuse for leaving. （周振中译，2015）

例[14]摘自《湖南民俗文化》中有关待客习俗的介绍。原文中让客人"坐冷板凳"，如果直译为"sit on a cold stool"，英语国家受众就会十分不解：为什么要让客人坐在板凳上面？为什么是 cold stool 而不是 warm stool？这样一来只会加深受众的理解偏差。"坐冷板凳"是一句俗语，其实就是遭到冷落的意思，在这里指不被主人理睬。译者从其文字背后的含义出发，选用英文中一个相似的表达"feel being iced out"，这样一来"冷"字得到了很好的诠释，同时也传递出了遭受冷落、不被待见这个深层含义，与上下文一连接，国外受众理解起来自然就轻松了。

[15] 父母给分出的每个小家庭修一栋不少于三间的新屋，此举叫作给孩子"挑一担"。

译文：Parents will build a new house that consists of at least three rooms for each small new family, which is called "To help sons relieve their life burden". （周振中译，2015）

例[15]原文中出现的"挑一担"属于当地的俗语，如果直译为"To pick a load for their sons"国外受众可能产生一个疑问：到底"一担"是什么呢？为什么父母给成家的儿子们建新房子叫"挑一担"？其实，"挑一担"，就是指为孩子减轻生活压力。故可意译为"To help sons relieve their life burden"。

[16] 村子叔伯兄弟、远处亲戚朋友都会来"吃酒"。

译文：Uncles and brothers in the village, and relatives and friends who live in a remote area, will all come to the feast to express their congratulations to the host.

环洞庭湖区盛产粮食，饮酒也成了当地人必不可少的一种生活方式。无论是婚嫁祝寿、丧葬祭祀、节日庆典还是和朋友聚会，喝酒是必不可少的，所以他们将参加婚丧嫁娶、生日搬迁等宴席一律称为"吃酒"。那么，例[16]中"吃酒"如果直译为"to drink alcohol"必然引起受众的误解，译者将其意译为"come to the feast"，并增加了"to express their congratulations to the host"补充说明"吃酒"的目的，便较准确地向受众传达了这里的民俗含义。

[17] 四川人不怕辣，贵州人辣不怕，湖南人怕不辣。

译文1：Sichuan people don't fear to eat spicy food, Guizhou people are famous for eating spicy food and Hunan people are fond of eating spicy food so much. （杨元译，2017）

译文2：Sichuan people don't afraid to eat spicy food, Guizhou people can bear to eat any spiciness and Hunan people cannot restrain themselves to any spicy dishes. (Sichuan, Guizhou and Hunan are three provinces of China.)（杨元译，2017）

译文 3：Sichuan people enjoy eating spicy food, Guizhou people like eating spicy food and Hunan people love eating spicy food.（杨元译，2017）

这句谚语在中国家喻户晓。这句话中，虽然"不怕辣""辣不怕"和"怕不辣"三个汉字相同，但在描述对辛辣食物的喜爱时，不同语序会导致程度上的差异。"不怕辣"意味着有人可以吃辣的食物。"辣不怕"表示无论食物有多辣，都能忍受，而"怕不辣"通过暗示人不喜欢尝一点不辣的菜肴来显示他对辣味的痴迷，即使是难以忍受的辛辣对他来说也只是小菜一碟。

在译文 1 中，"辣不怕"被译成"以吃辛辣食物著称"，这层意思在原文中并没有包含；而"怕不辣"译为"非常喜欢吃辣的食物"，并不能充分表达湖南人对辣的狂热。因而，译者在译文 2 中对"辣不怕"和"怕不辣"进行了深层次挖掘，并且注释了四川、贵州和湖南指中国的三个省份，只是译文过长，不符合民俗文化翻译注重简明和口语化的原则。之后，译者在此基础上又进一步改良，译文 3 既简洁明了，又较准确地诠释了这句谚语的含义。笔者试提供一个更为简洁的译文"Guizhou people enjoy hot pepper, Sichuanese do better and Hunanese the best."以供学习交流。此外，笔者认为在国外受众对这三个省份都陌生的前提下，有必要在译文前加注作铺垫：It's well-known that Chinese people in the three provinces are fond of spicy food. They are Guizhou, Sichuan and Hunan.

6.4.4 增译

"增译，即增加式全译，是指译者为完整再现原文语用价值、准确传达其文化信息和语里意义、成功实现思维转换，增补译文语表形式的全译方法。增译符合信息冗余规律，将原文不需要或隐含的语表形式以恰当形式在译文中增补出来，以确保跨语言、跨文化交际中的信息内容不受损害。

增译的主要手段是增补，包括两种情况：一是增加原文中虽无其形但包含其义的语言单位，或增加原文中承前或蒙后省略的语言单位；二是补充原文不言自明的信息内容或原文受众熟悉而译文受众陌生的背景信息，最终通过语表形式加以体现。"（余承法，2014）[49-50]

[18] 热得烫：湘菜行话中有"一滚当三鲜"之说。

译文：Well goes a jargon in Xiang Cuisine that boiling hot is equal to incredibly fresh, delicious and spicy, which means hot food is very popular here.（谢倩译，2015）

"一滚当三鲜"指的是常德人的钵子菜。钵子菜，即用火烧锅，以汤水导热，涮煮食物。钵子菜是一种多汤菜肴，主料酥烂、鲜嫩，能够较好地保持菜肴的色、香、味，汁浓味鲜。常德人向来喜爱热食，有"一滚当三鲜"之说，钵子菜正好满足了人们的要求。这里，译者将"一滚"处理为"boiling hot"，明示滚烫感带来的味觉刺激；又将三鲜分别译成"incredibly fresh, delicious and spicy"，并补充说明了"热食在当地十分流行"的情况。在处理这类蕴含文化意义的俗语时译者运用了意译、增译等方法，可以让国外受众获得更好的异域饮食文化体验。

[19] 当地为此还有"不愿皇宫当驸马，只要烛钵炉子枯枯嘎"的民谣。

译文：There goes a local ballad that "To be Emperor's son-in-law is not so attractive as long as I can still taste of what's boiling in the steaming pot", describing the incredible taste temptation of the dish "steaming pot".（谢倩译，2015）

原文夸张地形容了烛钵菜的味觉吸引力。如若一味直译，译文读者恐怕难于把握"烛钵炉子"的确切含义。译者将原句中的"驸马"归化为译入语文化中的"Emperor's son-in-law"，将"只要烛钵炉子枯枯嘎"意译为"只要还能吃上一口烛钵菜"，使译文既没有失去原文的诙谐含义，又能够让译文读者理解起来毫无障碍。译者在句末用"describing the incredible taste temptation of the dish 'steaming pot'"说明该谚语是用来描述炖钵炉子的味觉诱惑这一点。通过此种手段，译者不仅阐述了谚语背后的"烛钵菜"饮食文化含义，还激发了受众的审美情趣，实现了传播目的翻译。

[20] 湘阴县是个古城，湘阴窑窑址发现于1952年，1972年又在窑头山、梨园等地发现了早期窑址，1975年冬进行了试掘，出土了大量晋至初唐的青瓷器和窑具。它烧造的时间，可上溯至汉代、三国，可见其历史久远矣。

译文：The site of Xiangyin kiln was found in 1952, and some old kilns were founded in Yaotou Mountain and Liyuan in 1972. Archaeologist excavated the sites and found lots of celadon wares and kiln furnitures which could be traced back to the Han Dynasty (202 BC–220 AD) and Three Kingdom Period (220–280 AD).

例[20]译文将重意合的原文拆成了两个句子，结构更加严谨；同时给第二个无主句增加了"Archaeologist"这个主语，更符合英语的行文习惯。此外，原文介绍的是湘阴窑的位置与历史，对于不了解中国历史的国外受众来说实在是茫然，因此译者在翻译朝代名后增加了公元纪年时间，这样有助于普通的国外受众厘清汉朝与三国这两个历史时期。

6.4.5 减译

"减译，即删减式全译，是指译者根据原文语用价值和语里意义以及译文语表形式的需要，在译文中删减一些不必要的语言单位的全译方法。减译，旨在变多为少、化繁为简，因中外语言、文化、思维方式的差异删减原文必须而译文不必要的语表形式，以期准确传达原文语义和完整再现原文语值。"（余承法，2014）[93-94]

如例[20]有关湘阴窑的译例，原文中"可见其历史久远矣"就被译者省略了。因为前文中已经详细描述了湘阴窑窑址烧制的朝代，并附有具体的年份，国外受众可以一目了然，如果再加一句总结性的评价"It can be seen that how long the history is!"显然多余，亦不符合英语国家的思维习惯。

在处理文化信息时,减译可以理解为对于原文中影响理解的文化缺省词、不含实质信息的内容不做翻译。但做这种处理时译者要十分谨慎,确认国外受众无意通过这些字词的形象获得更多的语境效果,方可安心采取此种方法。

[21] 根雕艺人飞笔走刀,巧藉自然,妙施雕琢,将"女娲补天""卧薪尝胆""钟馗捉鬼"……一个个神话传说、历代史事、民间故事逐一呈现在观众面前。

译文:Root-carving artists use the carving-knife to create a root-carving work as calligraphers take a writing brush to create a calligraphy work. They skillfully exhibit ancient Chinese stories by using the natural root material and sculpting it ingeniously. Myths, legends, historical events and folk tales are presented to the audience in a grand and stunning collection.

例[21]是某政府网站上一段有关"常德根艺"的介绍。不难看出,原文中提到的"女娲补天""卧薪尝胆""钟馗捉鬼"这三个故事在译文中都省略了。这三个家喻户晓的故事,都有着深厚的文化沉淀,如果直译其名,国外受众难以理解,如果将故事内容全部译出,恐怕篇幅有限,在限的空间无法实现。再者,此处的重点是根雕技艺,故事内容并非重要信息,翻译出来只会加重国外受众的理解负担,因此译者在此大胆地做了减译。

[22] 食时,一般将鲜银鱼取熟猪油煎炒或以瘦肉、鸡蛋烹汤,是味道鲜美的佳肴。此外,晒干后,做汤或煎炒也各具千秋。

译文:The best ways to cook fresh and delicious whitebait are to fry with pork oil or to boil soup with lean meat or eggs. Dried whitebait can be equally cooked with special flavor.

例[22]是某政府网站一段关于洞庭银鱼做法的介绍。第二句中的"做汤或煎炒"在前一句提到过,因而译者用了 be equally cooked 来表达,避免了重复,符合英语的行文习惯。

[23] 桃源捉龟舞是一种古老的哑剧成分较重的民间舞蹈，这种民间舞蹈追溯其源，可在汉代"百戏"中的"鱼龙曼衍""相人"中找到其产生的渊源。

译文：Taoyuan Turtle-catching Dance is an ancient folk dance with heavier pantomime art components. If we trace this folk dance's origin, the initiation can be found in the "Yulongmanyan" and "Xiangren" in the "Baixi" (folk artistic performances) of the Han Dynasty.

例[23]译文中"If"引导的状语从句意义不大，完全可以与主句合并，变成简单句；此外，原文提到的"鱼龙曼衍""相人"皆指古代百戏杂耍名，既不是原文的重点，也过于专业，对于一般的受众来说不但无吸引力，反而加重理解的负担，可以省略不译。但既然提到桃源捉龟舞源自汉代，就有必要加注，说明汉代的公元纪年。笔者试译：Taoyuan Turtle-catching Dance is an ancient folk dance with rich pantomime elements. The folk dance originates in the "Baixi" (a kind of folk music and dance acrobatics) of the Han Dynasty (202 BC–20 AD).

[24] 捉龟人都是由丑角扮演，鼻梁用白粉涂"S"字形图案，眼下点二白点，头戴无顶草帽，足蹬麻草鞋，上身穿白便衣，下穿黑色裤，系大红围腰，身背竹篓，手持铁钩、旱烟袋、火镰、火面。

译文：The turtle catchers are all played by harlequins. The bridge of the nose is painted with an S-shaped pattern and two white dots. While performing, the performer wears a straw hat, hemp sandals on his feet, white plain clothes on his upper body, black trousers around his legs, a red waist, a bamboo basket on his back, holding a hook, a tobacco pouch, a fire sickle, and a fire surface.

例[24]译文中对于捉龟人穿着的描写，如"on his feet"" on his upper body"" around his legs"等可谓是逐字翻译，完全可以省略不译，这也符合英语国家民众的思维习惯。

6.4.6 类比

在民俗文本中，往往会涉及一些文化负载词，这类词语在目标语中找不到对应词，翻译时正确处理文化因素是一项十分艰难但又非常重要的任务。特别是对一些文化含量较高的文化词，意译或注释译法也不能满足翻译的需要。在处理这些词时，可以先在目的语中找到文化替代词进行类比，然后根据实际需要加注阐释内涵。在民俗翻译实践中很多中国历史人物、事件都是借助类比法向国外受众介绍，这样照顾了他们的认知环境，拉近了他们与我国民众的距离，从而激发他们对我国民俗文化的兴趣。

最为经典的类比莫过于周恩来总理陪几位外国客人观看戏剧《梁山伯与祝英台》，当时翻译做了许多说明也没让外国客人弄懂故事的内容。周总理便提示翻译，梁山伯与祝英台就是中国的罗密欧与朱丽叶，外国朋友马上就明白了剧情的内容及主题。以后提起梁山伯与祝英台的爱情故事，大家都心照不宣地译成"Chinese Romeo and Juliet"。在文化翻译时适当地进行类比可以缩小两种文化之间的差距，使原文易于接受和获取。"翻译意味着比较文化……我们通过与自己的文化进行比较来感知另一种文化。"（诺德 2001）[34]。中英翻译中经典人物类比如：将"梁山好汉"比作"Robin Hood（罗宾汉）"，将"孔子（Confucius）"比作"Aristotle（亚里士多德）"，将"月下老人"比作"Cupid（丘比特）"，将"炎帝神农氏"比作古罗马神话中的农神"Saturn"，将"西施"比作"Cleopatra（埃及艳后）"；地名类比如：将中国城市"苏州"比作意大利的"Venice（威尼斯）"，将青岛比作"Switzerland（瑞士）"，将北京的"王府井"比作纽约的"the Fifth Avenue（第五大街）"；节日类比如将"七夕节"比作"Valentine's Day（情人节）"等。此外，由于不同国家具有不同的发展背景，因此在时间表达上也常常令人费解。如中国的朝代翻译等，往往加注公元的具体年份，如果能找到中外互相类比的时间，将使得译文更具说服力。

在翻译中国朝代时，译者除了可以加注朝代的年份外，还可以引用国外发生的重大事件或他们熟悉的历史术语，以便国外受众更容易理解。如："新石器时代晚期（late New Stone Age）"可与"埃及金字塔建造时（when the Egyptian pyramids were built）"相比较；此外，可类比的年代还有"商朝（the Shang Dynasty）"与"巴比伦时代（the time of Babylonia）"；"西周（the West Zhou Dynasty）"与"希腊荷马时期（the Greek Homer period）"；"西汉（the West Han Dynasty）"与"罗马帝国早期维尼统治时期（the reign of veni in early Roman Empire period）"；元朝初年（the early Yuan Dynasty）与意大利旅行家马可波罗来华旅行时期（the time Italian traveler Marco Polo travel to China）等。（王连义，1990）[147-148]

[25]《岳阳楼记》的历史可以追溯到宋朝庆历四年，也就是公元1044年。

译文1：The writing with the title of "Yueyang Tower" can trace back to the fourth year of the reign of Qingli in the Song Dynasty, namely the year of 1044.

译文2：The writing with the title of "Yueyang Tower" can trace back to the year of 1044, about 520 years before William Shakespeare was born.

译文3：The writing with the title of "Yueyang Tower" can trace back to the year of 1044, over 400 years before Christopher Columbus discovered the New World.

例[25]的译文2和译文3相较于译文1，除了直译《岳阳楼记》的历史年代，还翻译出了"宋朝庆历四年"的语言外信息，将国外受众未知的中国历史时代与他们熟悉的历史或历史人物联系起来。译文3针对美国受众，用哥伦布发现新大陆的时间进行类比，让美国受众对名文《岳阳楼记》的悠久历史有更清晰的了解。译文2则适用于英国受众，用家喻户晓的英国文学巨匠莎士比亚的出生时间拉近了英国受众与中国文学的距离。

[26] 先天下之忧而忧，后天下之乐而乐。

译文：To be the first in the country to worry about the affairs of the state and the last in the country to enjoy oneself. （罗经国译）

例[26]中《岳阳楼记》中的这句千古名言抒发了作者以天下兴亡为己任的高尚情操，表现了忧国忧民的崇高思想。几千年来，这种思想一直为中华儿女所推崇，成为中华民族宝贵的精神财富。因而有必要将其精神实质介绍给外国游客。罗经国先生的翻译堪称经典之作。当然，要想国外游客与国内游客产生共鸣，更通俗地理解这句千古佳句，还可以找找目的语文化中的相似点，找找二者可交融的地方，也就是说结合归化策略。对此，可引用西方特别是美国一句家喻户晓的名言"Ask not what the country can do for you; ask what you can do for your country"。从某种程度上说，该句恰好与范仲淹"先忧后乐"的思想不谋而合，这样，更有助于国外游客理解我们的文化，从而感受到中西文化的异曲同工之妙。

6.4.7 改译

改译即创造性译法，就是为使译文适应特殊读者的需求或出于文化差异的考虑，对原文做适当的改动。由于中西方价值观和思维方式的差异，民俗文本中一些源于中国传统价值观或思维方式的特色词语，如古代年历、古代官阶、古代地名等就很难为外国旅游者所理解和接受。在此情形下，译者可以灵活采取改译技巧，即运用现在的年历、地名或官阶来代替古年历、古地名和古官阶等，以便国外受众理解。

[27] 范仲淹是北宋著名的政治家、文人，于公元1015年通过科举考试，担任过参知政事。他为人正直、诚实，关心穷苦百姓。他以"天下兴亡为己任"，后因参加政治变革，遂被流放。《岳阳楼记》便是他在流亡期间所作。

译文：Fan Zhongyan (989–1052) was a famous statesman and writer in the Northern Song Dynasty. He passed the highest imperial civil service examination in 1015 and held the office of Vice Prime Minister at that time. He was upright and honest and much concerned about the poor people. Guided by the principle of "taking the destiny of one's country as one's own", he took part in the political reform and was exiled. The piece of writing of "The Yueyang Tower" was written during his exile.

"参知政事"是我国古代官阶名,在宋朝相当于副宰相。对此中国民众尚且知之甚少,何况普通的国外受众。这里译者创造性地将其译为"Vice Prime Minister",让受众一目了然,明白了《岳阳楼记》作者范仲淹在当时的政治地位。

[28] 银耳莲子羹

译文 1:Tremella and Lotus Seed Soup

译文 2:White Fungus with Lotus Seed Soup

银耳莲子羹是以莲子、银耳、冰糖为主料制作的药膳,是洞庭湖区人民喜爱的一道甜品。银耳莲子羹在网络中常见的译名有译文 1 和译文 2 根据《现代汉英词典》,银耳的英文是"tremella",这样的翻译对于生物学家、植物学家、药剂师等专家来说或许不难理解,但普通的民众恐怕就不知为何物了。尽管大部分英语国家受众能理解"fungus",但这让他们提不起任何食欲。因为"真菌"一词会让他们联想到一种腐生和寄生的低等生物(包括酵母、霉菌、黑穗病等),而且它们缺乏叶绿素。"fungus"甚至可以指真菌感染。(《韦伯斯特第九部新大学词典》有记载)。那么,怎样翻译才可以被接受呢?林语堂在他的《当代汉英词典》中提供了一个版本——silver mushroom。事实上,当导游翻译选择"silver mushroom"这种表达方式时,国外游客就很想尝一尝。尽管蘑菇也是一种真菌,但它不会让西方游客产生不愉快的联想,相反,在他们看来,"silver mushroom"是一种肉质的子实体,是可以食用的。(包惠南等,2000)

[29] 银针茶

译文 1:silver needle tea

译文 2：silver needle yellow tea

君山银针是我国的"十大名茶之一"，产于洞庭湖心的君山岛，属于黄茶类针形茶，有"金镶玉"之称。因为它的茶芽挺直，布满白毫，形似银针而得名"君山银针"。因此，各大宣传资料用的都是译文 1 和译文 2 这两个译名。国外受众比较熟悉的是我国绿茶（green tea）、红茶（black tea）、花茶（flower tea）等，对于黄茶（yellow tea）了解不多。因而在没有见到实物的前提下，国外受众对"silver needle tea"和"yellow tea"的概念还是比较模糊的。其实，君山银针最大的特点就是在用洁净透明的玻璃杯冲泡君山银针时，可以看到初始芽尖朝上、带头下垂而悬浮于水面，随后缓缓降落，竖立于杯底，忽升忽降，蔚成趣观，最多可达三次，被誉为"三起三落"。作为外宣的文本不仅应具有信息功能，还应具有诱导功能。曾有外语导游大胆地将君山银针译为"dancing tea"，将其"三起三落"的奇观比喻为欧美游客所知的"ballet"（芭蕾舞），结果反响热烈，游客们都急切地想要了解一下这种会跳芭蕾的中国茶。

6.4.8 转换译法

在民俗旅游中，人们经常提到当地的温度、建筑面积、河流的长度以及某种艺术珍品的大小或重量。我国常用的测量系统通常是公制和本土的度量衡，如摄氏度、平方公里、亩、里、尺、寸、厘米、斤、两等。相比之下，英语国家受众喜欢用他们熟悉的英制单位，如华氏度、平方英里、英亩、英里、码、英尺、英寸、磅、克等。在这种情况下，是有必要转换度量单位的。许多美国人和英国人不知道摄氏度、里、尺，就像许多中国人不知道华氏度、英里、英尺一样。如果译者不经任何转换就逐字翻译，信息将无法有效传达。下面的例子可以说明这一点。

[30] 这里年平均气温为 16~18℃，雨量充足，日照时长，有霜期短，适于农作物和林木生长。

译文：The average annual temperature of the province stands between 16℃ and 18℃. It has abundant rainfall, long duration of sunshine and short duration of frost, suitable for the growth of crops and trees.

例[30]是一段介绍洞庭湖区气候的文字，文中用摄氏度表述了当地的气温。事实上，天气一直是国外受众最受欢迎的话题，特别是对于外出旅行的游客来说，了解当地气候是必做的功课。此处，译者如能在摄氏温度之后，再加上 about 61 to 64 degrees in Fahrenheit 或者直接译成 The average annual temperature of the province stands between 61℉ and 64℉，相信对于英语国家受众来说会更加直观、更易理解。

[31] 张谷英村占地5万平方米（约12英亩），以精美的建筑雕刻、曲折的巷道和神秘的庭院而闻名。

译文：Zhang Guying Village covers an area of 50,000 square meters (about 12 acres) featuring carved pictures on surface of the building, a zigzag laneway and the occult dooryard.

例[31]中对于中国人所熟悉的平方米在英语国家受众心中没什么概念，因而译文在50,000 square meters之后增译了"大约12英亩"以加深他们对张谷英村占地面积的印象。其实，如果能确定目的语受众使用的是英制度量单位，此处亦可直接译成 Zhang Guying Village covers an area of about 12 acres。

从归化异化视角探讨洞庭湖生态经济区民俗文化翻译策略与方法，有利于提高翻译传播的效果。翻译策略无论采用归化、异化或是二者相结合，翻译方法无论是直译、增译、注释还是意译、减译、类比、转换等，只要有利于民俗文化的对外传播，只要有利于中外文化交流，只要有利于国外受众认识、了解、接受并喜爱洞庭湖生态经济区的民俗文化，就是可行的。

6.5 洞庭湖生态经济区民俗文化的多模态翻译思考

所谓"模态"(modality),用通俗的话说,就是"感官",多模态即将多种感官融合,包括视觉、听觉、触觉等感官和外部环境之间的互动方式。"传统翻译观认为,翻译是两种语言文字之间的转换,而在多模态视角下,语篇意义不仅仅是由语言文字体现,而是由文字、图像、颜色、动画、声音、视频等多种模态共同构成。"(万正发,2020)[57]

新时代全球信息化的飞速发展为人们获取信息提供了更便捷多元的途径,声音、图像、视频等新媒体形态相比于文字更容易流传。民俗文化大多流传于民间,多为口口相传,少有文字记录,而且民俗文化形式多种多样,包括歌谣、戏曲、祭祀、传统饮食、传统手工艺等,仅仅依靠文字翻译往往难以达到文化传播的目的。由于中外语言差异,译者难以对所有的民俗现象进行详细描述和深度解析,而且由于文化背景不同,国外受众也无法完全通过文字描述想象出民俗节庆的热闹场景、民间美食的色香味形或是民间音乐戏曲的艺术魅力。比如流传在汨罗市长乐镇一带的长乐抬阁故事会不是用嘴来讲的,它是一项集惊、奇、险、巧为一体的传统民间技艺,汇集了历史传奇、戏剧艺术、民俗风情、杂技竞技,并融合表演、彩绘、天文、地理以及时代精神。这种形式独特的发生在街头巷尾的大型民间行为艺术靠优秀译者的文字翻译或许可以做到"传真",但未必能做到"传神"。如果长乐抬阁故事会能通过带有双语字幕的短视频呈现出来,相信国外受众会被这种精彩纷呈、生动活泼的民间节庆活动所吸引,从而达到事半功倍的传播效果。

又如,洞庭湖的"湖中湖"团湖,每到莲花盛开季节,便成了"接天莲叶无穷碧,映日荷花别样红"的神仙洞府。泛舟采莲,这一湖区人民传统的生产活动现在已成为中外游客都乐在其中的旅游体验活动。那里盛产驰名中外的湘莲,颗粒饱满,肉质鲜嫩,历代被视为莲中之珍。冰糖湘莲这道湘菜系的传统特色甜品,是用产于洞庭湖区的名产湘莲和冰糖熬制而成，成品色泽洁白，莲心酥烂，香甜可口，自古以来被视为营养价值极高的滋补食品。在各大外宣网站或外宣手册中，莲花、莲子、莲藕的译名一般是"lotus flower""lotus seed"和"lotus root"，"冰糖湘莲"则普遍被译为"Lotus seeds with crystal sugar"。虽然"莲"可以在英语中找到对应词"lotus"，但从《朗文词典》和《牛津词典》中查找"lotus"，发现释义主要有二：（1）a white or pink flower that grows on the surface of lakes in Asia and Africa, or the shape of this flower used in decorations; （2）a fruit that gives you a pleasant dreamy feeling after you eat it, according to ancient Greek stories。大多数从未见过莲花、莲子的国外受众恐怕分不清lotus 究竟是一种开放在湖面上花的种子，还是希腊故事中的神秘水果。因此，为避免产生歧义，也为将洞庭湖的荷文化顺利地宣传推广，最好配上莲花、莲子、莲藕和冰糖湘莲这道菜的图片加以说明，让国外受众一目了然，了解这种湖区独有的全身皆是宝的植物。

民俗文化对外翻译的主要目的是让外国友人准确地了解民俗文化相关信息，实现我国传统民俗文化的有效传播。译者在翻译过程中，为减少由于语言表达和文化背景的差异产生的民俗文化传播"噪声"，需要应用多模态语篇整合的方式，在进行文字翻译的过程中，科学融合相应的图片、音频、视频等手段，充分传达各种民俗内容的文化内涵，让受众身临其境地感受民俗文化的魅力，更好地帮助国外受众认识、理解中华民俗文化。

正如费孝通先生所言，各美其美，美人之美，美美与共，天下大同。作为民俗文化翻译工作者，既要了解自身传统文化，又要尊重异文化，欣赏异文化，建立起高度的文化自觉，以翻译促进中西文化交流，让我国民俗文化走向世界，在异域文化中更好地绽放光彩。

第 7 章
文化"走出去"背景下洞庭湖生态经济区民俗文化翻译传播思考

7.1 洞庭湖生态经济区民俗文化"走出去"意义

民俗文化是大文化的一个子系统,具有举足轻重的地位。"看似最草根、最朴素、最具内生性和最具区域性的民俗文化,是我们整个中华民族最宝贵的文化资源,也最能体现民族归属感。"(蔡志荣,2012)[208]民俗文化是一个国家和民族文化最基本的,在经济全球化的背景下,守护和发展文化多样性、体现民族的文化身份,具有特别重要的意义。

互联互通、民心相通,中国文化要走向世界,要在世界文化语境中展示和推广,不仅需要那些能引起国际受众共鸣与回响的高水平文化成果,更需要将平民化的反映普通老百姓生活的内容向世界传播。(陆建非等,2016)

民俗文化是一个地区或民族精神风貌的集中体现,民俗文化"走出去"有利于推动人文交流,增进国际理解,为国家和地区的发展提供不竭动力。

因此，推动洞庭湖生态经济区民俗文化"走出去"意义重大。

1. 符合国家推动中华文化"走出去"发展战略

中华文化"走出去"是党的十八大提出的提升我国文化软实力的战略目标，是推介中国文化、展示中国传统、增强中国影响力和竞争力的必由之路。自十八大以来，有关文化"走出去"的相关文件不断下发，如《关于进一步加强和改进中华文化走出去工作的指导意见》和《关于加强"一带一路"软力量建设的指导意见》。习近平总书记在党的十九大报告中提出："加强中外人文交流，以我为主、兼收并蓄。推进国际传播能力建设，讲好中国故事，展现真实、立体、全面的中国，提高国家文化软实力。"2021年5月31日，习近平总书记在中央政治局第三十次集体学习时强调："要更好推动中华文化走出去，以文载道、以文传声、以文化人，向世界阐释推介更多具有中国特色、体现中国精神、蕴藏中国智慧的优秀文化。"党的十九届五中全会把社会文明程度得到新提高、中华文化影响力进一步提升作为"十四五"时期经济社会发展主要目标之一，并提出到2035年建成文化强国，国家文化软实力显著增强。推动中华文化走出去，提升中华文化影响力，需要将中华文化对外传播内容的丰富性、传播途径的多样性、文化影响的持久性进行有机整合。2022年5月27日，习总书记主持十九届中共中央政治局第三十九次集体学习时指出，"要立足中国大地，讲好中华文明故事，向世界展现可信、可爱、可敬的中国形象。要讲清楚中国是什么样的文明和什么样的国家，讲清楚中国人的宇宙观、天下观、社会观、道德观，展现中华文明的悠久历史和人文底蕴，促使世界读懂中国、读懂中国人民、读懂中国共产党、读懂中华民族。"

国家颁布的一系列文件，实施的一系列政策，使得文化"走出去"的力度空前加大，加快了中华文化走向世界的步伐，因此中华文化的国际推广亦取得了一定的成绩。在此背景下，推动洞庭湖生态经济区民俗文化走出湖南、走出中国、走向世界，顺应了国家"文化强国"发展战略，亦是

"文化走出去"战略的重要内容。

2. 符合洞庭湖生态经济区发展战略

文化不仅是展示一个国家形象和内涵的载体，它作为一种产业，也会带来巨大的经济效益。洞庭湖生态经济区是国家级重要发展片区，是国家战略发展的重要部分，也是湖南省贯彻习近平生态文明思想，践行"守护一江碧水"、建设新阶段现代化美丽长江经济带的重要区域。洞庭湖生态经济区集名山（君山、福寿山、幕阜山、夹山等）、名水（洞庭湖、汨罗江、桃花江等）、名村镇（张谷英村、靖港古镇等）、名楼（岳阳楼）、名窑（铜官窑、岳州窑）、名人（屈原、任弼时等）、名文（《岳阳楼记》《桃花源记》等）于一体，文化生态旅游资源禀赋，文旅产业是"十四五"时期长江中游特别是洞庭湖区绿色发展的重要抓手。《洞庭湖生态经济区规划》提出了"打造集生态观光、休闲度假、文化体验于一体的国内外知名旅游胜地"的目标。洞庭湖民俗文化集中展现了洞庭湖生态经济区的民间风貌、民间智慧和独特风情，是该区域宝贵的文化旅游资源。推动洞庭湖生态经济区民俗文化"走出去"，有助于提升洞庭湖生态经济区的国际知名度，促进洞庭湖区旅游业的蓬勃发展；有助于向世界展示更丰富、更立体、更可爱的湖南形象，促进湖南的跨文化交流和经济发展。

7.2 洞庭湖生态经济区民俗文化翻译传播现状

讨论洞庭湖生态经济区的民俗文化翻译传播现状与问题将基于翻译传播视角，从翻译和传播两个层面进行。

从翻译层面看，如前文分析，有关洞庭湖民俗文化的出版书籍较少，能参阅的仅有《湖南民俗文化》《洞庭湖风情史话》《洞庭湖婚俗史话》等少数几本，遗憾的是，目前还未发现有正式出版的洞庭湖民俗文化外语译本或中外双语文本。网络上有一定数量的洞庭湖民俗文化的英文翻译，其中包括官方网站上的简介翻译、一些民俗文化（英文字幕）宣传视频、民俗旅游景点的英文介绍等，但从实地调研收集的洞庭湖民俗文化翻译资料中发现，为数不多的翻译中存在语法失误、词汇误译、译名不统一等问题，缺乏专业性与准确性。此外还有实际旅游过程中的导游现场口译，但翻译内容呈碎片式，缺乏整体性。

从传播层面看，主要的传播方式或媒介包括：商业文化交流及入境旅游的翻译讲解，如：通过与"一带一路"沿线国家和地区互派留学人员、举办文化艺术节和博览会、湖南国际旅游节等文化交流形式推动湖湘文化走向世界。被誉为"广电湘军"的湖南广播影视媒介推出了湖南首档对外宣传电视栏目《世界看湖南》、举办了世界大、中学生中文比赛《汉语桥》、华人春晚《"四海同春"全球华侨华人春节大联欢》等节目，利用现代影视媒介立体展示了湖湘文化风采。此外，还相继推出了电视剧《八百里洞庭我的家》《柳毅传》《刘海砍樵》、电影《洞庭情缘》、宣传片《美丽中国之洞庭湖》等，但在对外宣传影响上收效甚微。书籍报刊类等纸质媒体，市面上介绍湖南民俗文化的双语或英文版较少，仅有不多的旅游指南或宣传册，如《湖南旅游：英汉对照》，专门推广洞庭湖民俗文化特色的双语或英文版图书更是凤毛麟角。因此，包括洞庭湖生态经济区在内的湖南民俗文化在纸媒领域的对外传播亟待加强。目前，互联网是主要对外传播媒介，主要包含政府外宣性的英文网站、官方外宣 APP、非官方社交平台等，如搭建海外新媒体平台芒果 TV 国际 APP，在境外影响力较大的社交网站和视频平台上设立芒果 TV、湖南国际频道官方账号，开设包括中文、汉服、娱乐、社会热点等内容的个人账号，打造传播矩阵、提高传播能力。

洞庭湖民俗文化对于受众而言是否达到传播者所预期效果，是检验翻译传播实践成功与否的关键。从受众反馈得出，洞庭湖生态经济区民俗文化翻译传播存在如下问题：一是国外受众对于洞庭湖民俗文化的认知与了解还停留在表面，对一些特定的反映民俗文化的负载词无法获得深层理解或产生文化共鸣；二是受众对于洞庭湖民俗文化的印象不深、记忆程度不高，无法体会到民俗文化的独特之处。这些问题的产生可以追溯到洞庭湖民俗文化翻译传播实践的整个过程，这一过程中任何一环出现问题都会导致整个翻译传播活动的失败。

7.3 洞庭湖生态经济区民俗文化"走出去"的局限性

结合洞庭湖生态经济区民俗文化对外翻译传播现状分析，依托湖南的一系列对外宣传交流举措，洞庭湖民俗文化取得了一定的外宣效果，但在宣传深度和影响力持续度方面仍存在一定的局限性。第一，民俗文化"走出去"的内容不够"精准"，没有针对不同文化背景、不同教育背景的受众进行文化"筛选"，导致国外受众印象不深，反响一般；第二，民俗文化"走出去"的形式主要集中在演艺、展览、旅游等一般活动层次，学术和思想的深层交流不够，洞庭湖民俗文化的内涵还有待进一步挖掘；第三，各部门、机构之间的合力不够，民间参与度不够，应建立政府部门、企业、高校、科研院所及驻外机构之间的联动机制，建立健全全社会广泛参与的民俗文化交流机制，整合对外文化传播的优势资源，扩大文化传播主体的覆盖面，增加对外文化传播能量；第四，缺乏对外文化话语体系的构建，主要表现在专业的对外翻译传播人才缺乏，高质量的民俗文化的对外翻译作品缺乏，这些不利因素都成了洞庭湖生态经济区民俗文化高质量"走出去"的"噪声"。总之，洞庭湖生态经济区的民俗文化对外翻译传播取得了一定的成绩，但仍然存在"形式不够丰富，程度不够深入，内容不够精准"等问题。

7.4 洞庭湖生态经济区民俗文化翻译传播六要素分析

当前，在"百年未有之大变局"的复杂世界环境中，国与国之间的文化影响力竞争越来越激烈，其文化的异域传播愈发显得重要。过去，中华文化的海外传播活动一直把重点放在文学、思想观念等领域，在实践中虽然取得了一定的成绩，但缺乏较强的理论指导，对外传播效果欠佳。民俗文化是一个国家和民族文化最基本的事像，民俗文化表现出来的特点使其在海外传播系统中具有独特的价值。翻译传播学作为一种新兴的跨学科研究范式，可以为克服对外传播障碍、促进洞庭湖生态经济区的民俗文化"走出去"提供理论指导。

翻译传播学研究的基本内容就是翻译传播的本质与过程。其本质就是异语场景中人类借助翻译实现的信息传递活动。过程研究包括六大要素（主体、客体、译者、媒介、受体、效果）的研究和过程模式（主体→客体1 [原语讯息] →译者→客体2 [译语讯息] →媒介→受体→效果）的研究。这六大要素中，效果是其传播的目的与结果；客体包括原语讯信和译语讯信，是主体、译者、受体、媒介、效果等因素互动的焦点（尹飞舟等，2020）。

据此，可将洞庭湖生态经济区民俗文化翻译传播过程分为四个阶段：发起阶段以主体（包括政府、民间文化推广组织、高校、研究机构等）为中心，发出讯息；翻译阶段以译者（包括政府从事对外翻译与传播工作者、国际媒体记者、高校教师、导游翻译、国际网站编辑等）为中心，完成讯息的语言转换；传输阶段以报社杂志社、出版社、广播电视传媒、网站等多媒体为中心，传输讯息；接收阶段以国外受众（包括外国人、海外华人、来华旅游、留学或交流人员）为中心，接收讯息。

7.4.1 翻译传播客体分析

在文化翻译开始之前，首先要明白选取何种文化，继而准确传达文化，最终为受众所接受，获得良好的翻译传播效果并最终实现文化"走出去"。由于中外文化和思维的巨大差异，国外受众对于政府主导的文化推广和宣传可能持怀疑态度，那么中华文化"走出去"更应重视民间文化、百姓文化的对外传播，更应关注国外民众的情感因素和利益需求。"根据受众心理的接受度分析，对外文化传播的形式和内容应遵循由低层次到高层次、由外在形式向内在内容延伸，先展示生活艺术再转向人文科学，先呈现物质文化再构建精神文化。"（彭凤英，2019）[46] 洞庭湖生态经济区民俗集中了体现了我国民俗文化亲民性、规约性、象征性、多样性、传承性等特点，推动洞庭湖民俗文化"走出去"更有助于拉近中外民众距离，赢得国外受众对中华文化的认同感。

但洞庭湖生态经济区民俗文化的对外传播不是单向传播，不是全盘推送，对传播内容和形式进行优选才是讲好洞庭湖故事的起点。真正传播效果好的文化，必定是能够反映地域风貌鲜明特色，能够引起受众共鸣的文化。在推动洞庭湖生态经济区民俗文化"走出去"过程中，在优选策略下应当思考哪些内容最能展现洞庭湖悠久灿烂的文明，最能体现洞庭湖民俗特色，最能传达洞庭湖民众的智慧和精神，最能引起国外受众兴趣，最易让国外受众认知和了解。如：大量长沙铜官窑瓷器在古代"海上丝绸之路"沿线的遗址出土，特别是神秘的"黑石号"沉船装载的 56 500 多件珍贵瓷器，是千年前"中国制造"的一次集中展示，它们以独具特色的装饰艺术和厚重的文化内涵，彰显了铜官窑在中国乃至世界陶瓷发展史上的重要地位。又如：无论从烹饪原料的选择上还是烹调方法上都具有浓厚的江湖水乡特色的洞庭湖饮食文化体现了洞庭湖民众兼收并蓄、开放包容的情怀和淳朴多彩的民风。再如：刘海砍樵传说中主人公樵夫刘海和狐仙胡秀英勤劳、善良的美德和不惧邪恶、勇于斗争的精神，柳毅传书故事中柳毅重情重义、信守承诺的中华传统美德，都充满着民间社会的清新气息，也是湖湘文化的重要组成部分。这些优秀、经典、独特的民俗文化应是洞庭湖生态经济区对外传播的优选。

经过优选后的民俗文化精品进入翻译环节，译者应该植根民俗文化土壤，把握洞庭湖民俗文化内涵，努力突破其表层结构，发掘深层结构的核心意义，用国外受众乐于接受的方式和易于理解的语言表达。鉴于洞庭湖民俗文化的地域性和亲民性，经过翻译后的民俗文化作品既要准确传达原语蕴含的意义，用事实、数据呈现民俗文化的传承和发展，突出洞庭湖民俗文化的不可替代性，彰显洞庭湖民俗文化的独特魅力，又要注重作品语言的口语化、简洁化，体现民俗文化是"民间文化"和"说话文化"的特点。正如前面章节所述，民俗文化翻译应遵循外宣翻译"三贴近"原则，即贴近中国发展的实际，贴近国外受众对中国信息的需求，贴近国外受众的思维习惯。

7.4.2 翻译传播主体分析

翻译传播主体是翻译传播活动的发起者，在实际翻译传播过程中，他（她）们决定翻译传播内容，确定传播内容的呈现形式，选择媒介渠道或方式，挑选译者并与其互动，提供实施翻译传播所需的条件（尹飞舟等，2020）。

民俗文化翻译传播主体可以是政府机构，也可以是民间组织或个人。传播主体在很大程度上掌握着民俗资源的优选、改写与优化，引导着传播的信息流向与价值判断，在整个对外传播过程中处于主导者的位置。

民俗文化翻译传播的主体，应坚持以政府推广为主导，民间组织和个人传播为补充的策略。政府机构、民间组织和个人均有自己的优势与不足，应互相配合，共同推进。政府主导有利于整合资源，能承担国家或地区之间大型的影响广泛的民俗文化传播活动，但政府机构无法面面俱到，无法深入到微观层面。民间组织包括各种民俗协会、文化教育机构、科研院所、媒介组织等，个人包括民俗学者、孔子学院教师、高校外语教师、外国留学生、外语导游、国际媒体记者等，优势是可以深入社会生活的各个层次，具有灵活、多样且亲民的特点，且传播的信息可信度大大增加，更易为国外受众所接受。同时，个人传播者的政治修养、文化素养、知识结构、赏鉴能力等都影响着对于民俗文化的翻译传播效果。

就洞庭湖生态经济区民俗文化的翻译传播而言，政府部门应继续给予政策上的支持，增强投资力度，并为洞庭湖民俗文化"走出去"营造环境，制造机遇，搭建平台，宏观调控，整体协调，促进民俗文化的外宣推广，并推动洞庭湖生态经济区的经济发展。同时，应鼓励全民参与，积极拓展对外传播的主体，尤其是调动喜爱我国文化的外国游客、留学生、外籍友人等传播主体的积极性。大力改善洞庭湖生态环境，发展洞庭湖生态经济区民俗文化国际旅游，让外国游客亲身体验捕鱼、采莲、挖藕、摘菱角、擂茶制作、制陶、舞龙舞狮、唱花鼓戏、龙舟竞技赛等一些返璞归真的民俗活动，通过游客的亲身经历传播洞庭湖民俗文化。还可以邀请在湖南的留学生和外籍专家、外籍友人参与洞庭湖生态经济区民俗文化体验活动，积极听取、采纳他们的意见。此外，可以考虑优化留学生培养结构，在课程设置中适当加入洞庭湖民俗文化内容，让留学生成为中外文化交流的使者，成为洞庭湖民俗文化对外传播的重要力量。

作为对外交流的窗口，孔子学院可以极大地帮助国外受众了解洞庭湖民俗文化。湖南作为一个高等教育院校云集的省份，每年为全球各地的孔子学院输入了大量的师资人才和志愿者，可借机选取洞庭湖民俗文化作为孔子学院的推广内容之一。在师资的选择上，重视建设孔子学院民俗文化推广传播的师资队伍，派出的老师既需要掌握必备的文化传播技能，也应该对民俗文化有深入了解和研究。此外，还可以设置一定数量的洞庭湖民俗文化普及课程或者组织各种参与性高的民俗活动，让国外民众有更多机会了解和欣赏洞庭湖民俗文化，培养国外受众对洞庭湖民俗文化的兴趣，提升洞庭湖生态经济区的国际影响力。

同时，孔子学院等相关机构还可以成立洞庭湖文化对外传播研究中心，与合作院校开展民俗文化互动交流项目，鼓励更多国外专家和社会力量参与传播研究，进一步扩大洞庭湖民俗文化在海外的影响范围。

7.4.3 翻译传播译者分析

译者是翻译传播过程中沟通主体和客体的桥梁，是翻译传播过程中的核心要素，对翻译质量和翻译功能实现起着关键作用。在某些情况下译者和翻译主体存在重合现象。若译者以传播异域文化、拓展本国读者审美视野为翻译目的,此时译者即为传播主体,是文化的自发传播者;若译者服务于一定的社会诉求和国家目的,有组织、有计划地开展规模相对较大的译介活动,此时翻译主体与译者两者并不重合。

在民俗文化的对外翻译中,译者首先要对民俗文化源语进行解码,不仅要知道民俗源语的文字意义,还要了解文字背后蕴含的文化内涵。其次,译者依据自身对源语民俗语汇和文化的理解对所传递的信息进行取舍和整理。再次,译者将整理好的源语民俗信息进行编码,即用目的语对其进行转换。最后,将编辑好的民俗语汇译文借助媒介传播给目的语受众,获得目的语受众的理解和接受,产生文化认同,实现传播目的。由此可见,民俗文化译者不仅要有扎实的翻译基本功,掌握一般的翻译理论和翻译实践技能,还要对源语和译语所涉及的文化有深入的了解和研究,如源语和译语的历史、社会、宗教、经济生活和民俗社交等方面的知识,尤其是在岁节时令、生活交往、服饰传统、建筑讲究、婚丧礼仪、生育寿诞、烹调饮食、游艺民俗、体育竞技、宗教祭祀、歌舞戏曲、民间文学、传统手工艺等诸多方面。此外,译者不仅要精通受众国的语言文化,而且要了解受众需要,善于用国外受众易于理解、易于接受的方式传达民俗含义,用他们喜闻乐见的方式传播民俗文化。

目前我国既精通两国语言又精通两国文化,既懂翻译理论与实践,又懂对外传播理论与实践的跨学科人才较为稀缺。为保障洞庭湖生态经济区民俗文化对外传播的顺利进行,政府、研究机构和外语类和传播类高校或二级学院需通力合作,不断优化民俗文化翻译传播人才培养模式。第一,在加强民俗翻译人员语言翻译技能培养的同时,有针对性地加大民俗文化方面学习和研究,如高校外语专业针对性地开设地方民俗文化课程,对民俗文化翻译进行理论和实践探索,尤其可以开设实践课程,让这些未来的民俗文化译者真正深入到民间,尤其是民俗氛围浓厚的地区去进行田野调查,与民俗文化专家、非物质文化遗产传承人、热心民俗保护与传承的人进行积极交流,从同他们的切身交流中了解这种"说话文化"的特点和精髓。第二，加强民俗翻译传播人员传播学理论和实践的学习，加强对目标国家价值观、历史背景以及风俗民情等方面的认识，从而更灵活有效地、准确地向国外受众传递民俗文化信息。第三，一方面依托各种民俗文化研究机构、翻译传播机构、新闻出版等传播媒介及高等院校联合培养民俗文化对外翻译传播专业人才；一方面直接从受众国聘请文化工作人员或从外国留学生中挑选高素质人才，成立专门人才库。这样既能减少翻译传播过程中文化差异和语言交际方面的障碍，又能从受众角度去了解受众需求，从而有针对性地传播民俗文化。

7.4.4 翻译传播媒介分析

翻译传播媒介发挥着桥梁作用，传播媒介因素在一定程度上能影响翻译传播的效果。翻译传播媒介包括人际传播性质的，如面对面或往来性的文化交流、导游口译；以及大众传播性质的，如书籍、报刊、广播、电影、电视、互联网等。

在洞庭湖生态经济区民俗文化翻译传播媒介运用上，书籍报刊等纸质传媒的学术功能不容忽视，可以通过申报"中华文化学术外译"项目等国家文化推广工程，将代表洞庭湖民俗文化精髓的学术精品，以外文形式在国外权威出版机构出版并进入国外主流发行传播渠道，以增进国外对洞庭湖民俗文化的了解，推动中外学术交流与对话，提高洞庭湖生态经济区的国际影响力。同时，要紧跟时代，结合受众国或地区的技术水平，充分利用广播、电视、电影等媒体，拍摄反映中华民俗文化的纪录片或在影视剧中植入民俗文化，甚至与当地媒体合作，推出民俗文化专栏，向受众地区的民众介绍洞庭湖生态经济区的民俗文化。

随着信息化技术的不断发展，在众多媒介中，出现了其他媒介的网络形式化，互联网无疑已成为翻译传播的主要传播媒介，因此必须加强网络互动营销，构建"互联网+"的民俗文化宣传推广体系。政府官网的外文版依然是民俗文化对外传播的主阵地，但对传播内容与翻译质量要严格把关，确保民俗文化的宣传译本的规范性、准确性和权威性，同时注意适当加入图片、音频、视频等多模态形式，让洞庭湖生态经济区民俗文化"活"起来，使受众能够更加深入地了解各种民俗内容，产生身临其境之感。

深受广大海外受众喜欢的 Facebook、Twitter、Youtube、google 等平台能够更好地与国外受众进行有效互动，可以及时了解受众的观点意见，及时给予反馈与引导。因此，可以利用国外主流网络媒体，制造热点话题或者举办民俗文化推广活动，在这些备受关注的国外网络媒体上进行多渠道的互动传播，最大限度地利用包括 3D、AR、AI 在内的各种技术资源，使它们发挥自身的优势，增强信息传播的实效性和趣味性。让洞庭湖生态经济区民俗文化以"互联网+"的新路径走出去，在关注媒体海外覆盖率，文化商品输出频次、数量的同时注重文化传播实际效果。此外，自媒体的社交特性和粉丝效应亦不容小觑。自媒体的传播主体来自社会各行各业，用户制作的图片、文字、视频等内容趋向平民化、生活化和趣味化。随着自媒体创作水平和技术水平的提高，越来越多的自媒体内容受到大众的关注和喜爱，并为官方媒体所采用，逐渐形成了官方媒体与自媒体协同创作与传播的局面。民俗文化的对外传播，也可以拓展思路，积极利用自媒体寻找合适的素材。一方面，可以直接聘请合适的自媒体用户来创作民俗文化外宣作品；另一方面，可以广泛地发动大众力量，在受众群中举办以民俗文化为主题的活动，鼓励自媒体用户从普通老百姓的视角拍摄和制作视频宣传推广民俗文化。只有打造强势的民俗文化网络传播媒介，将传统传播方式与新兴媒体相融合，才能紧跟时代潮流，实现翻译传播媒介与民俗文化翻译传播内容的双优化，以及二者匹配的最优化。

鉴于民俗文化是由人民群众创造的、传承的和享用的生活文化，对于受众直接感知的生产生活习俗、节庆习俗，可以举办民俗体验活动、开展民俗文化旅游，让受众积极参与进来，进行面对面的人际传播。此外，开发民俗文化产业，可以在带动经济发展的同时传播民俗文化，而且这种传播具有可持续性，能增强民俗文化的"造血"功能。开发民俗文化产业可以借鉴美国迪士尼公司的操作模式，除了在我国境内建立洞庭湖民俗文化主题公园，还可在海外创建包含洞庭湖生态经济区民俗文化体验馆在内的中华民俗文化活动公园，在实现经济效益的同时，让受众可以直接在当地体验洞庭湖民俗文化。

总之，要综合运用丰富多样的传播媒介，实现政府主导的、学界和民间的多种手段传播相呼应的洞庭湖生态经济区民俗文化翻译传播模式，更好地推动民俗文化"走出去"。

7.4.5 翻译传播受体分析

翻译传播受体作为翻译传播信息的接收者，若以群体形式存在，即为"受众"。受众是译本传播的最终环节和评判因素。翻译的传播受众研究关注目的语受众的实际需求与生活经验。民俗文化翻译传播实践的成功与否，最终取决于传播受众的反馈和接受程度。目的语受众作为民俗文化文译本的接受对象，在整个传播过程中并非被动地接受，而是会依据自身的认知环境、经验、兴趣、需求等选择媒介、选择信息，并有选择性地理解和记忆，进而获取对其自身而言有效的信息。因此，在进行民俗文化翻译传播活动时，要充分了解受众的现实需求与接受能力，明确甄别目的语受众的类型，以此来使民俗文化最终走进受众并得到受众的接纳与认可。

随着新媒体技术的广泛应用，传播的发展已经由大众传播向分众传播过渡，对受众分类有利于提高传播效果，避免大众传播不考虑受众的特点所导致的劣势（陶喜红，2008）。如果受众教育水平较高、对民俗领域较为熟悉，如高校教师、民俗专家、文化学者等，传播客体可以选择能系统反映民俗文化历史传统和发展规律等的学术专著，在翻译阶段尽量采用靠近源语言文化的异化翻译策略，引发受众的思考与研究兴趣，传播媒介可以书籍、报刊等为主。如果受众教育水平一般，对我国文化基本不了解（这类受众往往占大多数），传播客体则倾向于选用通俗易懂，能切实反映人民群众日常生活，能引起受众共鸣的民俗资料，翻译时宜采取靠近目标语言文化的归化为主、归化异化相结合的策略，传播媒介以互联网的Youtube、Tiktok、facebook等社交媒体为主。

由于民俗文化的对外传播涉及的各国各地区的历史、文化、政治背景不同，各国民众在认知水平和诉求方面存在巨大差异。例如在主流意识形态上，中国以集体主义为核心，西方以个人主义为核心；在思维方式上，中国人写作、说话多使用演绎性思维，而西方人则通常用归纳性思维；中国人习惯抽象思维，西方习惯具象思维；等等。因而在对外传播工作中应做到因人制宜，科学细分受众群体，顺应目标受众的思维方式、兴趣、期待等，简洁、客观、明了地呈现各种民俗事实，减少传播的阻碍、噪声和损耗等。就国家或区域的需求而言，既需要瞄准欧美发达国家，让民俗文化"走出去"，又需要对接"一带一路"建设，瞄准发展中国家，让民俗文化"走进去"。如：在世博会、中俄文化年和中非合作论坛等国家级高规格平台渗透"洞庭湖"元素、展示湖区民俗文化风采与特质；结合"一带一路"沿线国家和地区的国情、民情、风情，做大做强新的特色项目，打造一批能代表洞庭湖民俗文化的交流传播精品。

如果不进行受众分类传播，只是笼统含糊、一股脑地"灌输"，受众就会失去对传播内容的兴趣，甚至会产生抵触情绪。因此洞庭湖生态经济区民俗文化的对外传播需根据不同民族、不同文化、不同教育背景的受众，精选合适的传播内容，采取有针对性的传播途径和方式。

7.4.6 翻译传播效果分析

翻译传播效果对于翻译传播实践具有检验与指导作用。效果研究关注传播在目的语地区的接受程度及反馈效果，能够直击问题本质，揭示翻译传播的真实面貌，帮助传播主体认识翻译传播过程的不足，进而改善和提升翻译传播效果。民俗文化的翻译传播是否达到预期目的及预期效果，是检验整个洞庭湖生态经济区翻译传播实践活动成败的关键。翻译传播效果的考察应以实证方法为主。可采用的具体检验方式有文献分析、问卷调查、个案研究、实地调查、深度访谈等,用实际反馈效果,凭效果衡量质量,由质量发现问题,以问题指导实践。

鉴于民俗文化的翻译传播活动是由主体、客体、译者、媒介、受体等要素构成,每个要素都对传播效果产生重要影响,因此需要对传播效果进行综合评估,借此判断洞庭湖生态经济区民俗文化是否真正"走出去"、有效"走进去"。可借鉴修宇的传播效果四度评价法,将传统媒体与网络新媒体综合评价,建立洞庭湖生态经济区民俗文化翻译传播的效果评估指标,包括:4个一级指标(传播度、影响度、友好度和互动度),近20个二级指标和多个3级指标。其中,"传播度"包括播放或点击数量、转载量、下载量、搜索引擎搜索量;"影响度"包括媒介知名度、覆盖人群数、社交媒体粉丝数、媒体账号活跃度、传播内容呈现位置、内容传播持续时间、书籍发行量、报刊发刊频率和位置等;"友好度"包括满意度、正负向意见比例、正面评论与评论总数比例等;"互动度"包括用户评论次数、点赞次数、收藏次数、分享次数等。再运用层次分析法(AHP)进行数据处理,得出各自相应的指标权重。通过这些指标分析、检验、评估洞庭湖生态经济区民俗文化的对外传播效果,在此基础上进行相应修改和完善,确立民俗文化翻译传播效果评估的反馈机制,以便动态调整洞庭湖生态经济区民俗文化对外交流的目标、方案和手段,不断提质增效。

民俗文化传播是一个动态的过程,包括主体、民俗原语、译者、民俗译语、媒介、目的语受众之间的互动。"中华文化'走出去'的效果取决于翻译传播全过程,并非取决于某一个环节,要获得良好的传播效果,就要注重传播过程中各个要素之间的充分互动。"(尹飞舟等,2021)[50]为了让洞庭湖生态经济区民俗文化高质量地走出国门,走向世界,让更多的人了解洞庭湖的民俗风情,在翻译传播实践过程中,应充分考虑到翻译传播中六大因素对于整个实践过程的影响,明确文化翻译传播的模式与路径。民俗文化翻译传播主体应根据翻译传播目的,根据受众分类,优选洞庭湖民俗文化精品；民俗文化精品进入翻译环节，译者应根据目的语受众需求、兴趣和期待等，选择合适的翻译策略与具体的翻译方法完成对外翻译；翻译作品经由主体指定或自发组织的不同性质的传播媒介（目前网络传播是主流）进入国外市场，进入受众视野。受众积极理解民俗信息并做出反馈，而译者获取受众的反馈后，将反馈信息进行语际转化，传达给主体和媒介。传播主体在收到国外受众的反馈后对民俗原语进行及时调整、补充、更新，再通过译者转换为译语信息，经过媒介传达给受众。如此，发起、翻译、传播和接收四个阶段不断循环往复，主体、客体、译者、媒介、受众积极互动，从而达到最佳的民俗文化对外传播效果。

参考文献

英文文献：

[1] BAKER, M. Corpus linguistics and translation studies: implications and applications [C]//BAKER M, FRANCIS G, TOGNINI-BONELLI E. Text and technology. Amsterdam: John Benjamins Publishing Company, 1993.

[2] BAKER, M. Corpora in translation studies: an overview and some suggestions for future research[J]. Target, 1995(2).

[3] BAKER, M. Towards a methodology for investigating the style of a literary translator[J]. Target, 2000, 12(2).

[4] BOWKER. Towards a methodology for a corpus-based approach to translation evaluation[J]. Meta, 2001, 46(2).

[5] NIDA E A. Language, culture and translation[M]. Shanghai: Shanghai Foreign Language Education Press, 1993.

[6] GALLEGO-HERNANDEZ D. The use of corpora as translation resources: a study based on a survey of Spanish professional translators[J]. Perspectives, 2015(3).

[7] GUMUL E. Explicitation in simultaneous interpreting: a strategy or a by product of language mediation? [J]. Across languages and cultures 2006, 7(2).

[8] JIMENEZ C, MIGUEL A. The future of general tendencies in translation explicitation in web localization[J]. Target, 2011 (1).

[9] KENNY D. Creatures of habit? What translators usually do with words[J]. Meta, 1998, 43(4).

[10] KENNY D. Lexis and creativity in translation [M]. Manchester: St. Jerome Publishing, 2001.

[11] KRUGER H. A corpus-based study of the mediation effect in translated and edited language[J]. Target, 2012(2).

[12] LAVIOSA S. How comparable can "comparable corpora" be [J]. Target, 1997, 9(2).

[13] VENUTI L. The translator's invisibility: a history of translation[M]. London & New York: Routledge, 1995.

[14] LINDQUIST P P. Challenging conventional wisdom: a corpus-based model for interpreter performance evaluation [J]. The ATA Chronicle, 2004, 38(1).

[15] MAIA B. Some languages are more equal than others: training translators in terminology and information retrieval using comparable and parallel corpora [C]// ZANETTIN F, BERNARDINI S, STEWART. Corpora in translator education. Manchester: St. Jerome Publishing, 2003.

[16] MONZÓ E. Corpus-based teaching: the use of original and translated texts in the training of legal translators[J]. Translation journal, 2003, 7(4).

[17] NORD CHRISTIANE. Translating as a purposeful activity — functionalist approaches explained. Shanghai: Shanghai Foreign Language Education Press, 2001.

[18] OLOHAN M, BAKER M. Reporting that in translated English: evidence for subliminal processes of explicitation? [J]. Across languages and cultures, 2000, 1(2).

[19] OLOHAN M. Introducing corpora in translation studies [M]. London /New York: Routledge, 2004.

[20] PEARSON J. Using parallel texts in the translator training environment[C]// ZANETTIN F, BERNARDINI S, STEWART D. Corpora in translation education. Manchester: St. Jerome Publishing, 2003.

[21] SHLESINGER M. Extending the theory of translation to interpretation: norms as a case in point[J]. Target, 1989, 1(1).

[22] SHUTTLEWORTH M, COWIE M. Dictionary of translation studies[Z]. Manchester: St, Jerome Publishing, 1997.

[23] VANDEVOORDE L, et al. A corpus-based study of semantic differences in translation: the case of inchoativity in Dutch[J]. Target, 2017(10).

[24] XIAO R, DAI G. Lexical and grammatical properties of translational Chinese: translation universal hypotheses reevaluated from the Chinese perspective [J]. Corpus linguistics and linguistic theory, 2014(1).

中文文献：

[1] 钟敬文. 民俗学概论[M]. 北京：高等教育出版社，2010.

[2] 胡开宝. 语料库翻译学概论[M]. 上海：上海交通大学出版社，2011.

[3] 哈罗德·拉斯韦尔. 社会传播的结构与功能[M]. 北京：中国传媒大学出版社，2013.

[4] 刘安洪，谢柯. 传播学视阈下的旅游翻译研究[M]. 北京：外语教学与研究出版社，2014.

[5] 赵燕玉，吴曙光. 湖南民俗文化[M]. 长沙：湖南师范大学出版社，2010.

[6] 高碧云. 洞庭湖风情史话[M]. 北京：方志出版社，2005.

[7] 高碧云. 洞庭湖婚俗史话[M]. 北京：中国戏剧出版社，2011.

[8] 李琳. 洞庭湖水神信仰研究[M]. 长沙：湖南大学出版社，2012.

[9] 曾娜妮. 洞庭湖区水神信仰民俗音乐研究[M]. 北京：中国戏剧出版社，2020.

[10] 包惠南，包昂. 中国文化与汉英翻译[M]. 北京：外文出版社，2004.

[11] 王连义. 导游翻译二十讲[M]. 北京：旅游教育出版社，1990.

[12] 包惠南，包昂. 实用文化翻译学[M]. 上海：上海科学普及出版社，2000.

[13] 余承法. 全译方法论[M]. 北京：中国社会科学出版社，2014.

[14] 陆建非，戴晓东. 跨文化交际研究新动态[M]. 上海：三联书店，2016.

[15] 董晓萍. 说话的文化民俗：传统与现代生活[M]. 北京：中华书局，2002.

[16] 张全. 全球化语境下的跨文化翻译研究 M]. 昆明：云南大学出版社，2010.

[17] 张轶. 中国民俗文化特征初探[J]. 南京理工大学学报（社会科学版），2004(5).

[18] 苏蔓，李美娟. 中国民俗文化的特征与社会功能[J]. 成都航空职业技术学院学报，2010，26（2）.

[19] 李宏亮，吴永强. 新时期中国民俗文化国际传播的战略思考[J]. 当代文坛，2015，（1）.

[20] 萧放. 再论中国民俗文化特征[J]. 民俗典籍文字研究，2013，（2）.

[21] 史耕山，胡晓红. 目的论视域中CCTV-9民俗纪录片翻译的文化解读[J]. 河北工业大学学报（社会科学版），2016，8（2）.

[22] 周立. 从目的论视角看民俗文化的传播：佛山市民俗文化英译研究[J]. 北京城市学院学报，2016，（3）.

[23] 陈静颖，王麒铭. 民俗文化词汇功能翻译策略研究[J]. 沈阳农业大学学报（社会科学版），2018，20（1）.

[24] 安文婧. 基于翻译生态视角窥探民俗翻译的文化价值[J]. 语文建设，2015，（33）.

[25] 王文彬. 生态翻译学视角下的满族民俗文化英译策略研究[J]. 青海民族研究，2016，27（4）.

[26] 宋引秀，郭粉绒. "文化翻译"观视域下的少数民族文化外宣翻译[J]. 贵州民族研究，2015，36（4）.

[27] 王克非，王颖冲. 论中国特色文化词汇的翻译[J]. 外语与外语教学，2016，（6）.

[28] 廖建霞. 文化翻译观下的客家土楼民俗文化英译研究[J]. 嘉应学院学报，2020，38（5）.

[29] 于洪波. 文化翻译观视角下的绵阳民俗文化词英译[J]. 西昌学院学报（社会科学版），2018，30（3）.

[30] 牛艳荣. 文化翻译观视域下蒙古族民俗文物名称中英翻译的思考[J]. 内蒙古财经大学学报，2014，12（3）.

[31] 庄帆. 从巴斯特奈文化翻译理论看民俗文化的英译：以福建省民俗文化汉英翻译为例[J]. 凯里学院学报，2014，32(2).

[32] 戴玉霞，董勇英. 归化与异化视野下的《白鹿原》英译本中的民俗翻译[J]. 语文建设，2015（30）.

[33] 王沛. 陕北民歌中民俗文化翻译之美学重构[J]. 交响（西安音乐学院学报），2011，30(3).

[34] 王沛. 美学视域下陕北民歌民俗文化翻译[J]. 音乐探索，2011，（4）.

[35] 刘士祥，朱兵艳，蒋秀娟，等. 海南民俗文化汉英翻译研究：接受美学的视角[J]. 郑州航空工业管理学院学报（社会科学版），2013，4（32）.

[36] 于洁，田霞. 关联理论观照下的民俗文化的预设凸显翻译方法[J]. 探讨外语与外语教学，2008（5）.

[37] 胡娟，朱练平. 关联理论视阈下的陶瓷民俗文化旅游文本英译策略研究[J]. 山东社会科学，2015（S2）.

[38] 姚丽文. 传播学视角下的民俗文化词汇翻译策略：异化、归化与等化之优化组合[J]. 长春理工大学学报（社会科学版），2015，28（3）.

[39] 韩晓. 传播学视角下民俗文化国际传播之翻译研究：以庆阳民俗文化国际传播为例[J]. 长春大学学报，2018，28（5）.

[40] 段文婷. 基于翻译传播学的陕西民俗语汇翻译：以贾平凹《高兴》为例[J]. 商洛学院学报，2022，36（1）.

[41] 林杨. 草原文化特色词汇的汉英平行语料库的构建、应用及意义[J]. 外文研究，2018，6（4）.

[42] 姚爽，孙乃荣，胡晓红. 民俗翻译平行语料库建设研究[J]. 佳木斯职业学院学报，2016，（8）.

[43] 王红英. 论杨宪益、戴乃迭和霍克斯《红楼梦》英译本中节庆民俗词汇的文化传译[J]. 河南理工大学学报（社会科学版），2011，12（1）.

[44] 党争胜. 民俗文化词的翻译问题探微——从《红楼梦》英文版中"压岁钱"等词的翻译谈起[J]. 外语教学，2015，36（1）.

[45] 隆涛. 分析《红楼梦》英译本中的民俗文化翻译[J]. 语文建设，2015（27）.

[46] 陈瑞玲. 语篇分析的角度看霍克思英译《红楼梦》民俗文化词的翻译[J]. 佳木斯职业学院学报，2021，37（2）.

[47] 安文婧. 边陲小镇的风土人情：谈《呼兰河传》英译本中的民俗翻译[J]. 语文建设，2016（9）.

[48] 张白桦，孙晓宇.《呼兰河传》英译本中民俗翻译的创造性叛逆[J]. 牡丹江师范学院学报（社会科学版），2019（2）.

[49] 王宏印，李宁. 民族典籍翻译的文化人类学解读：《福乐智慧》中的民俗文化意蕴及翻译策略研究[J]. 民族文学研究，2007（2）.

[50] 李宁，吕洁. 民俗事象翻译的文化改写与顺应：《福乐智慧》英译本中的民俗文化翻译探讨[J]. 民族翻译，2009（3）.

[51] 陈丽娜，郭莹. 探析《边城》英译本之民俗翻译策略[J]. 文教资料，2014（32）.

[52] 隆涛. 沈从文小说《边城》中的民俗英译方法论[J]. 语文建设，2015（24）.

[53] 李伟棠.《边城》英译本中的民俗翻译策略研究[J]. 语文建设，2016（27）.

[54] 麦红宇，关熔珍. 广西民俗文化词英译案例评析[J]. 广西民族大学学报（哲学社会科学版），2012，34（1）.

[55] 杨琳，刘怀平. 广西边疆地区民俗文化翻译研究：民族身份认同与翻译策略互补[J]. 广西社会科学，2013（12）.

[56] 侯斌，卢蓉. 甘肃民俗文化译介现状与发展路径[J]. 陇东学院学报，2018，29（2）.

[57] 邓英凤. 关于壮族民俗文化翻译的几点思考[J]. 广西教育学院学报，2016（3）.

[58] 王云，王霞. 河北民俗文化的翻译及外宣策略研究[J]. 邯郸职业技术学院学报，2016，29（2）.

[59] 田玲. 陕北民俗文化译介现状与未来发展路径研究[J]. 延安职业技术学院学报，2015，29（4）.

[60] 韦冰霞. 桂西南壮族民俗节日活动文化翻译现状及对策研究[J]. 广西民族师范学院学报，2019，36（2）.

[61] 朱兵艳，刘士祥. 民俗文化词项汉英翻译现状与策略：以海南国际旅游岛为例[J]. 河北旅游职业学院学报，2015，20（2）.

[62] 肖群，张维. 民俗翻译现状及对策研究：以安庆市民俗文化外宣为例[J]. 山东农业工程学院学报，2020，37（9）.

[63] 谢国先. 民俗学翻译期待学术批评[J]. 学术界，2008，（5）.

[64] 利·哈林、杨柳. 民俗研究与翻译研究[J]. 温州大学学报（社会科学版），2011，24（2）.

[65] 马慈祥. 民俗文化词语的可译性限度及其翻译策略[J]. 青海民族研究，2009，20（3）.

[66] 蒋红红. 民俗文化翻译探索[J]. 国外外语教学，2007（3）.

[67] 黄雪梅，梁庆福. 民俗外宣英译者身份的动态重叠[J]. 西南交通大学学报（社会科学版），2017，18（6）.

[68] 贺桂华. 少数民族民俗文化外宣翻译中多重矛盾关系的解读[J]. 贵州民族研究，2015，36（6）.

[69] 黄永新. 中国民俗文化的翻译、出版和国际化传播[J]. 河北广播电视大学学报，2017，22（3）.

[70] 王克非，黄立波. 语料库翻译学十五年[J]. 中国外语，2008，5（36）.

[71] 胡开宝，毛鹏飞. 国外语料库翻译学研究述评[J]. 当代语言学，2012，14（4）.

[72] 庞双子. 近十年国际语料库翻译研究文献计量分析（2008—2018）[J]. 外语与外语教学，2019（6）.

[73] 冉诗洋. 国际语料库翻译学研究新趋势：《语料库翻译学新趋向》评析[J]. 中国科技翻译，2019，32（1）.

[74] 黄立波，王克非. 翻译普遍性研究反思[J]. 中国翻译，2006（5）.

[75] 吴昂，黄立波. 关于翻译共性的研究[J]. 外语教学与研究，2006（5）.

[76] 许家金. 基于可比语料库的英语译文词义泛化研究[J]. 中国翻译，2016（2）.

[77] 胡开宝，朱一凡. 基于语料库的莎剧《哈姆雷特》汉译文本中显化现象及其动因研究[J]. 外语研究，2008（2）.

[78] 董敏，冯德正. 英汉科技翻译逻辑关系显化策略的语料库研究[J]. 外语教学，2015（2）.

[79] 刘泽权，闫继苗. 基于语料库的译者风格与翻译策略研究：以《红楼梦》中报道动词及英译为例[J]. 解放军外国语学院学报，2010（4）.

[80] 卢静. 基于语料库的译者风格综合研究模式探索：以《聊斋志异》译本为例[J]. 外语电化教学，2013（2）.

[81] 卢静. 历时视阈下的译者风格研究：语料库辅助下的《聊斋志异》英译本调查[J]. 外国语，2014（4）.

[82] 黄立波. 《骆驼祥子》三个英译本中叙述话语的翻译：译者风格的语料库考察[J]. 解放军外国语学院学报，2014；（1）.

[83] 胡开宝，谢丽欣. 基于语料库的译者风格研究：内涵与路径[J]. 中国翻译，2017（2）.

[84] 王克非. 双语平行语料库在翻译教学上的用途[J]. 外语电化教学，2004（6）.

[85] 王克非，秦洪武，王海霞. 双语对应语料库翻译教学平台的应用初探[J].外语电化教学，2007（6）.

[86] 李德超，王克非. 基于双语旅游语料库的DDL翻译教学[J]. 外语电化教学，2011（1）.

[87] 刘泽权，刘鼎甲. 多媒体计算机技术与语料库方法运用于翻译教学改革的尝试[J]. 外语与外语教学，2009（8）.

[88] 罗选民，刘彬. 关于开放型语料库翻译教学的思考[J]. 外语教学，2009，30（6）.

[89] 李颖玉，袁笠菱. 非英语专业研究生英汉翻译的语料库研究[J]. 北京第二外国语学院学报，2009（10）.

[90] 巫振新，林锦国，杨宇. 专业语料库建立及其在机器翻译中的应用[J]. 微型电脑应用，2008（4）.

[91] 林政，吕雅娟，刘群马，等. Web平行语料挖掘及其在机器翻译中的应用[J]. 中文信息学报，2010，24（5）.

[92] 何莲珍. 基于汉、英语平行语料库的翻译数据库设计[J]. 现代外语，2007（2）.

[93] 刘妍，熊德意. 面向小语种机器翻译的平行语料库构建方法[J]. 计算机科学，2022，49（1）.

[94] 赵会军，林国滨. 机器翻译词语漏译的语料库语境策略研究[J]. 外语教学与研究，2022，54（2）.

[95] 王克非. 新型双语对应语料库的设计与构建[J]. 中国翻译，2004（6）.

[96] 董红学，赵海燕. 汉英类义词翻译平行语料库[J]. 外语电化教学，2008（5）.

[97] 张威. 口译语料库的开发与建设：理论与实践的若干问题[J]. 中国翻译，2009（3）.

[98] 汪定明，李清源.《老子》汉英翻译平行语料库建设[J]. 上海翻译，2013（4）.

[99] 黄立波. 中国现当代小说汉英平行语料库：研制与应用[J]. 外语教学，2013（6）.

[100] 胡开宝，邹颂兵. 莎士比亚戏剧英汉平行语料库的创建与应用[J]. 外语研究，2009（5）.

[101] 刘孔喜. 小型《楚辞》汉英平行语料库的创建与应用[J]. 湖北民族学院学报（哲学社会科学版），2012，30（1）.

[102] 王翊，张瑞娥，韩名利.《淮南子》汉英平行语料库建设及应用前景[J].安徽理工大学学报(社会科学版)，2021，23（1）.

[103] 李晓倩，胡开宝.《习近平谈治国理政》多语平行语料库的建设与应用[J]. 外语电化教学，2021（3）.

[104] 杨柳川，唐衡.建设影视字幕英汉双语平行语料库的探索[J].当代文坛，2014（5）.

[105] 王岚，严灿勋.军事英汉汉英平行语料库建设存在的问题及对策[J].解放军外国语学院学报，2015，38（5）.

[106] 邹瑶，郑伟涛，等.冬奥会冰雪项目英汉平行语料库研制与平台建设探究[J].外语电化教学，2018（5）.

[107] 李德超，王克非.新型双语旅游语料库的研制和应用[J].现代外语，2010，33（1）.

[108] 胡开宝，陶庆.汉英会议口译中语篇意义显化及其动因研究：一项基于平行语料库的研究[J].解放军外国语学院学报，2009（4）.

[109] 胡开宝，陶庆.汉英会议口译语料库的创建与应用研究[J].中国翻译，2010（5）.

[110] 王克非，符荣波.口译语料库研制新思路：欧洲议会口译语料库解析[J].外语电化教学，2020（6）.

[111] 齐涛云，杨承淑.多模态同传语料库的开发与建置：以职业译员英汉双向同传语料库为例[J].中国翻译，2020，41（3）.

[112] 刘剑，胡开宝.多模态口译语料库的建设与应用研究[J].中国外语，2015，12（5）.

[113] 符荣波，王克非.基于跨模式类比语料库的汉英口译词汇特征研究[J].外语教学与研究，2021，53（6）.

[114] 邵娴.基于语料库的汉英交替传译中专业译员语块特征研究[J].上海翻译，2018（6）.

[115] 傅琳凌，穆雷.语料库翻译学：在名与实之间[J].外语学刊，2020（1）.

[116] 高莹，宋玲枝.山东省民俗翻译语料库建设的必要性分析[J].海外英语，2020（6）.

[117] 王佳.论江西省省级非遗名录民俗类汉英平行语料库建设的必要性[J].校园英语，2021（7）.

[118] 姚爽，孙乃荣，胡晓红.民俗翻译平行语料库建设[J].佳木斯职业学院学报，2016（8）.

[119] 肖晓玲.客家土楼英汉平行语料库的创建与运用[J].龙岩学院学报，2019，37（6）.

[120] 林杨.草原文化特色词汇的汉英平行语料库的构建、应用及意义[J].外文研究，2018，6（4）.

[121] 孟小佳.内蒙古民俗旅游资料汉英双语平行语料库研究[J].内蒙古财经大学学报，2017，15（2）.

[122] 余世洋，尹富林.基于语料库的《红高粱家族》中民俗文化译介研究[J].江苏外语教学研究，2015（1）.

[123] 李建萍，黄勇.《红楼梦》"节日习俗"的叙写及两个英译本对民族文化意象的传译：基于双语平行语料库的分析[J].大连民族大学学报，2020，22（2）.

[124] 蔡平.翻译方法应以归化为主[J].中国翻译，2002，（5）.

[125] 许建平，张荣曦.跨文化翻译中的异化与归化问题[J].中国翻译，2002，（5）.

[126] 刘艳丽，杨自俭.也谈"归化"与"异化"[J].中国翻译，2002（11）.

[127] 郭建中.翻译中的文化因素：异化与归化[J].外国语，1998（2）.

[128] 张智中.兼容并蓄 双层操作：异化归化之我见[J].语言与翻译，2005（2）.

[129] 姜智慧. 从异化视角看民俗文化的传播：浙江省民俗文化翻译研究[J]. 中国科技翻译，2010，23（2）.

[130] 吴斐. 异化翻译观下的贵州民族民俗文化译介与传播[J]. 贵州民族研究，2014，35（10）.

[131] 姚丽文. 传播学视角下的民俗文化词汇翻译策略：异化、归化与等化之优化组合[J]. 长春理工大学学报（社会科学版），2015，28（3）.

[132] 杨琳. 广西边疆地区民俗文化翻译研究:民族身份认同与翻译策略互补[J]. 广西社会科学，2013（12）.

[133] 吕俊. 翻译学：传播学的一个特殊领域[J]. 外国语，1997（2）.

[134] 孟伟根. 关于建立翻译传播学理论的构想[J]. 绍兴文理学院学报（哲学社会科学版），2004（2）.

[135] 姚亮生. 内向传播和人际传播的双向对话:论建立传播学的翻译观[J]. 南京大学学报（哲学·人文科学·社会科学版），2004（3）.

[136] 唐卫华. 论翻译过程的传播本质[J]. 外语研究，2004（2）.

[137] 张生祥. 翻译传播学：理论建构与学科空间[J]. 湛江师范学院学报，2013（1）.

[138] 谢柯，廖雪汝. "翻译传播学"的名与实[J]. 上海翻译，2016（1）.

[139] 尹飞舟，余承法. 翻译传播学论纲[J]. 湘潭大学学报（哲学社会科学版），2020（5）.

[140] 尹飞舟，王佳娣. 中华文化走出去的理论新视角：翻译传播过程的四种模式[J]. 求索，2021（2）.

[141] 叶会，马萧. 中国文化外译的翻译传播学模式[J]. 湖北社会科学，2020（2）.

[142] 吴玥璠，刘军平. 翻译传播学视域下《礼记》英译海外传播[J]. 对外传播，2017（9）.

[143] 李耀. 翻译传播学视域下《孟子》译介过程动因研究[J]. 东南传播，2021（10）.

[144] 魏艳，刘明东. 传播学视阈下湖湘旅游文化走出去翻译策略探索：以《毛泽东诗词》英译为例[J]. 安徽理工大学学报（社会科学版），2019，21（2）.

[145] 廖雪汝. 翻译传播学视阈下的电影字幕翻译研究及启示：以电影《绿皮书》为例[J]. 四川戏剧，2020（5）.

[146] 段文婷. 基于翻译传播学的陕西民俗语汇翻译：以贾平凹《高兴》为例[J]. 商洛学院学报，2022，36（1）.

[147] 杨晶晶. 内蒙古民俗文化翻译传播实践与思考[J]. 佳木斯大学社会科学学报，2021，39（5）.

[148] 余承法，万光荣. 翻译传播学视域下湖湘文化"走出去"策略体系建构[J]. 湘潭大学学报（哲学社会科学版），2021，45（1）.

[149] 梅莉. "三入岳阳人不识，朗吟飞过洞庭湖"：吕洞宾传说、信仰与岳阳楼文化[J]. 湖北大学学报（哲学社会科学版），2017，44（1）.

[150] 邝奕轩. 洞庭湖生态经济区转型发展与绿色发展探论[J]. 武陵学刊，2017，42（3）.

[151] 瞿梦杰. 环洞庭湖区民俗旅游资源开发的问题与措施[J] 中国集体经济，2016（16）.

[152] 王建华 1. 洞庭湖饮食文化资源的构成元素[J]. 全国流通经济，2017（12）.

[153] 王建华 2. 洞庭湖区饮食文化资源的特点[J]. 现代商业，2017（22）.

[154] 邝奕轩. 洞庭湖生态经济区转型发展与绿色发展探论[J]. 武陵学刊, 2017, 42（3）.

[155] 李琳. 环洞庭湖民歌中的民俗及其文化内涵[J]. 湖南农业大学学报（社会科学版）, 2008（5）.

[156] 王亮. 试论洞庭湖区民歌民俗传承与旅游经济的融合发展[J]. 艺术教育, 2019（9）.

[157] 王亮. 洞庭湖民歌中的民俗文化内涵与旅游经济开发[J]. 北极光, 2019（4）.

[158] 李云安, 柳清. 论洞庭湖区传统年节民俗的人本气韵[J]. 中北大学学报（社会科学版）, 2010, 26（1）.

[159] 姚日晓. 唐代文学中洞庭湖神话传说的文化解读[J]. 新余高专学报, 2009, 14（4）.

[160] 李琳. 洞庭湖水神信仰的历史变迁[J]. 民俗研究, 2010（4）.

[161] 李琳. 水神信仰与洞庭湖渔业文化[J]. 云梦学刊, 2012, 33（1）.

[162] 肖旻. 人与自然和谐的文化写照：洞庭湖区水神信仰研究[J]. 湖北省社会主义学院学报, 2015（4）.

[163] 康琼. 人与自然的和谐文化：洞庭湖水神信仰的思考[J]. 湖南省社会主义学院学报, 2015, 16（3）.

[164] 文敏. 文化走出去不差钱差翻译[N]. 浙江日报, 2010-03-31.

[165] 杨惠中. 语料库语言学与机器翻译[J]. 上海交通大学学报（社会科学版）, 1993（1）.

[166] 韩子满. 试论方言对译的局限性：以张谷若先生译《德伯家的苔丝》为例[J]. 解放军外国语学院学报, 2002（4）.

[167] 蒋红红. 民俗文化翻译探索[J]. 国外外语教学, 2017（3）.

[168] 许崇信. 文化交流与翻译[J]. 外国语, 1991（1）.

[169] 黄友义. 坚持"外宣三贴近"原则, 处理好外宣翻译中的难点问题[J]. 中国翻译, 2004（6）.

[170] 姚丽文. 传播学视角下的民俗文化词汇翻译策略：异化、归化与等化之优化组合[J]. 长春理工大学学报（社会科学版），2015，28（3）.

[171] 郭建中. 翻译中的文化因素：异化与归化[J]. 外国语，1998（2）.

[172] 汤瑞林. 旅游文化英译中的异化与归化[J]. 赤峰学院学报，2009，30（2）.

[173] 蔡志荣. 民俗文化的当代价值[J]. 西北民族研究，，2012（1）.

[174] 彭凤英. 新时代湖湘民俗文化"走出去"的优选策略研究[J]. 赤峰学院学报（汉文哲学社会科学版），2019，40（12）.

[175] 陶喜红. 小众·大众·分众：人类传播理念的"回归式"嬗变[J]. 新闻窗，2008（2）.

[176] 万正发. 梅山民俗文化的多模态外宣英译策略[J]. 黑河学刊，2020（2）.

[177] 尹飞舟，王佳娣. 中华文化走出去的理论新视角：翻译传播过程的四种模式[J]. 求索，2021（2）.

[178] 张艳萍，张伟平. 基于语料库的湘菜菜名英译研究[J]. 南华大学学报（社会科学版），2016，17（1）.

[179] 徐颖. 功能目的理论视角下的民俗文化翻译[D]. 福州：福建师范大学，2013.

[180] 高捷. 从 Nida 的功能对等理论看中国民俗词语的翻译：以鲁迅小说选（杨宪益夫妇的译本）为例[D]. 西安：西安电子科技大学，2011.

[181] 吴巧芬. 从目的论角度看《京华烟云》中的民俗翻译[D]. 广州：广东外语外贸大学，2009.

[182] 董欢宁. 目的论视角下饮食民俗文本的翻译：以《中国民俗文化》的英译为例[D]. 苏州：苏州大学，2015.

[183] 王亚楠. 生态翻译学角度下的《中国民俗文化》（节选）翻译实践报告[D]. 南昌：华东交通大学，2020.

[184] 谢倩. 舌尖上的湖南：《湘菜》英译实践报告[D]. 湘潭：湘潭大学，2015.

[185] 周叶清.《湖南民俗文化》中湖湘饮食名称的英译[D]. 湘潭：湖南科技大学，2017.

[186] 周振中.《湖南民俗文化》英译实践报告[D]. 桂林.广西师范大学，2015.

[187] 杨元. 功能对等理论指导下的湖南民俗文化口译策略[D]. 长沙：湖南大学，2017.

[188]《汉语大字典》编纂处. 汉语大字典[K]. 成都：四川辞书出版社，2018.

[189] ZYF 001-2018 语料库通用技术规范[S]. 中国翻译协会，2018.

[190] 胡秋菊.常德米粉如何在保护中传承？[N]. 常德日报，2016-07-09-001.